特別支援学校　自立活動

あたらしい
わたしたちの
うんどう

NMBP研究会　編著

ジアース教育新社

みなさんへ

　みなさんの中には、自分のからだがもっと思い通り動くといいのにと思っている人がいると思います。

　思い通りに動かないのは、自分のからだがよく分からないからです。

　まず、じっくりと自分のからだを感じてください。そして動かしてみてください。

　「あたらしい わたしたちのうんどう」は、みなさんが自分のからだを十分に感じられるように作ってあります。自分のからだが分かってきたら、先生やお家の人に手伝ってもらいながら、一緒に動かしてみましょう。ここで大切なのは、みんなで一緒に同じことをくりかえし行うことです。そうすると、仲間がいることに気づき、自分の得意なものが分かります。

　「こんなことが得意なんだよ。」

　「苦手だったこんなことも、できるようになってきたよ。」

　先生やお友だち、お家の人と、**たくさんおしゃべりしながら**やってみてください。そして、どんどん、自分のいいところや好きなことを見つけていきましょう。

子どもたちとかかわる大人の方へ

　このプログラムを行うための、かかわりのPointをつけましたので、参考にしながら、子どもたちとの学習を進めてください。

　また、別冊で「あたらしい わたしたちのうんどう」解説書として、「ＮＭＢＰの理論と実際－自立活動の方程式－」を発行しました。プログラムの考え方や理論と実際について詳しく知りたい方は、こちらをお読みください。また、学習の様子を収録したＤＶＤ「ＮＭＢＰの実際」も参考にしてください。

あたらしい わたしたちのうんどう

目　次

第Ⅰ部　基礎編
第1章　姿勢〜からだを感じよう〜
1. 手の学習 …………………………………………………………………… 4
2. 遠近の学習 ………………………………………………………………… 9
3. 足の学習 …………………………………………………………………… 10
4. 身体への気づきの学習 …………………………………………………… 14
5. 腹部（おなか）の学習 …………………………………………………… 16
6. 胸部（むね）の学習 ……………………………………………………… 18
7. 上下の学習 ………………………………………………………………… 20
8. 頸部（くび）の学習 ……………………………………………………… 22
9. 前頸部（のど・あご下）の学習 ………………………………………… 23
10. 左右の学習 ………………………………………………………………… 26
11. 肩の学習 …………………………………………………………………… 28
12. 腰部（こし）の学習 ……………………………………………………… 30
13. 背臥位（あおむけ）から腹臥位（うつぶせ）への学習 ……………… 32
14. 背中の学習 ………………………………………………………………… 34
15. 中心と輪郭の学習 ………………………………………………………… 36
16. 脊柱から手・足への学習 ………………………………………………… 37
17. 肘立て位の学習 …………………………………………………………… 39
18. 腹臥位（うつぶせ）から背臥位（あおむけ）への学習 ……………… 41
19. 口周辺の学習 ……………………………………………………………… 42
20. 座位の学習 ………………………………………………………………… 45

第Ⅱ部　展開編

第2章　移動［展開Ⅰ］〜からだを動かしてみよう〜

1. 下肢の学習 …………………………………………………………………… 52
2. 寝返りから立位への学習 …………………………………………………… 57
3. 歩行の学習 …………………………………………………………………… 60

第3章　操作［展開Ⅱ］〜手を使ってみよう〜

1. 手指と前腕部の学習 ………………………………………………………… 64
2. 上肢の学習 …………………………………………………………………… 68
3. 握り・放し・リーチの学習 ………………………………………………… 70

第4章　言語（摂食）［展開Ⅲ］〜声を出してみよう〜

1. 前頸部／発声・嚥下の学習 ………………………………………………… 74
2. 顔面部／両唇音・取り込みの学習 ………………………………………… 76
3. 舌／発語・押しつぶしの学習 ……………………………………………… 78
4. 顎／構音・咀嚼の学習 ……………………………………………………… 81

第Ⅲ部　実際編

第5章　日常生活

1. 姿勢に関するワンポイントプログラム …………………………………… 88
2. 移動に関するワンポイントプログラム …………………………………… 93
3. 操作に関するワンポイントプログラム …………………………………… 97
4. 言語（摂食）に関するワンポイントプログラム ………………………… 101
5. 図工・美術的活動におけるワンポイントプログラム …………………… 103
6. 音楽的活動におけるワンポイントプログラム …………………………… 105

第Ⅰ部
基礎編

第1章 姿勢(しせい)

~からだを感(かん)じよう~

1 手の学習

≪感覚器としての手を育てる≫

　手ってすごいよね。
　固いものをぎゅっとにぎったり、やわらかいものをそっとさわったり。
　鉄棒やハンドルはしっかりにぎることができるし、お豆腐や卵はつぶさないで持つことができる。
　手でさわってみると、目で見るよりもずっと、それがどんなものなのかを知ることができるんだ。

① 指全体と手首を感じよう
　手を乗せてみよう。手の指全体を感じてごらん。

> **Point**
> 　子どもの手をかかわりての手の上に乗せるようにする。また、手首を包みこむようにする。

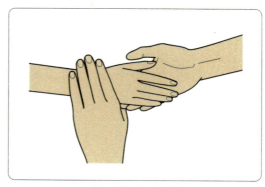

指全体と手首

② 指の間を感じよう
　手の甲の方から、指と指の間をすべらせるようになぞるね。すると、手を開きたくなるよ。
　小指と薬指の間。薬指と中指の間。中指と人差し指の間。人差し指と親指の間。

> **Point**
> 　①の指全体がふれられている状態で行う。

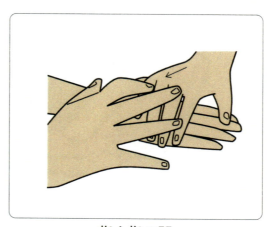

指と指の間

― 4 ―

③ 指を感じよう

指1本1本を、もっとしっかり感じてみよう。

小指。薬指。中指。人差し指。親指。

指を1本ずつふれるよ。指がもっと伸びてくるね。

> **Point**
> 指の付け根からふれる。ふれたまま動かさない。

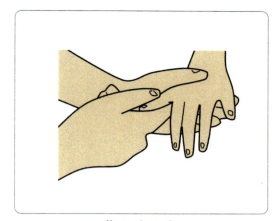

指1本1本

④ 指の先をくっつけてみよう

手の指って、親指だけは他の指とちょっと違うね。

ものをつかんだり、つまんだりするとき、親指だけは他の指と反対向きになる。

今度はその練習だよ。

ものをつかんだり、つまんだりするのに必要な動きなんだ。

親指の先と小指の先を、くっつけてごらん。

次は親指の先と薬指の先。親指の先と中指の先。親指の先と人差し指の先。

逆からもやってみよう。

親指の先と人差し指の先。親指の先と中指の先。親指の先と薬指の先。親指の先と小指の先。

親指が他の指とは違うことが、はっきり分かるね。

> **Point**
> 指先同士がつくようにする。

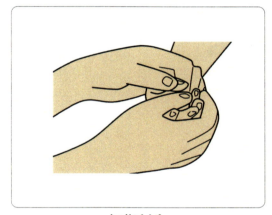

拇指対向

⑤ 手をにぎってみよう

　手のひらの指の付け根のしわがあるところを刺激するよ。

　そして、しわのところに指をおいて、手首の方向に少し押してみるよ。

　手をぎゅっとにぎりたくなるでしょ。

　場所が少しでもずれると、うまくにぎれないでしょ。

　そのとき、手首を起こせると、もっとにぎりやすいよ。

　指の付け根の感覚は、手をにぎるのに大切なんだ。

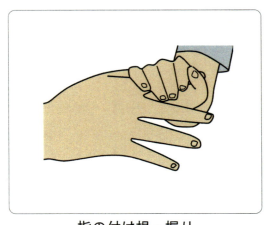

指の付け根・握り

> **Point**
> 　手首は軽く背屈にして（手の甲の側に曲げて）握る。

⑥ 手を開いてみよう

　もう一度、手を開くよ。

　親指の付け根と小指の付け根を意識して。

　手のひらの端っこだよ。

　手が縦にも横にも広がって、大きな手になった感じがするよ。

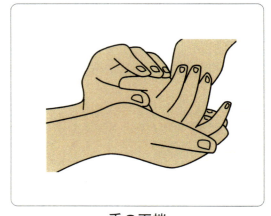

手の両端

> **Point**
> 無理に開こうとしない。

⑦ 手の根っこを感じよう

手の根っこ。手首の少し上をトントンたたくよ。

この手の根っこは、倒れそうになったときにバンと手をついて、からだを支える。

ここから感覚が入って、腕をピンと伸ばして、顔を打たないようにするんだ。

Point
子どもの表情を見ながらたたく。

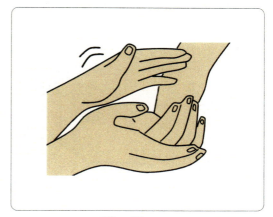

手の根っこ

⑧ 手のひらを感じよう

手のひら。手のひらに、そっとふれるよ。くすぐったいくらいにそっと。

手のひらに〇、△、□、×を書いてみるよ。何て書いたか分かったかな。

Point
ふれるかふれないかくらいに、そっとふれる。

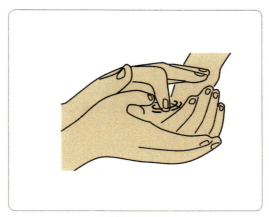

手のひら

⑨ いろんな感覚を確かめよう

指の付け根の間や指先をごしごしこすったり、手のひら全体をポンポンたたいたり、いろんな刺激を入れるよ。

どんな感じがするかな。

これで、しっかりと感覚の入る手になったよ。

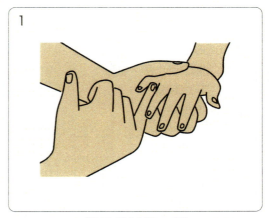

指の付け根の間

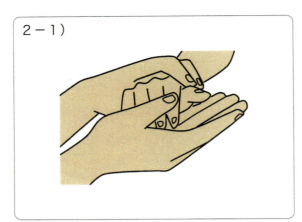 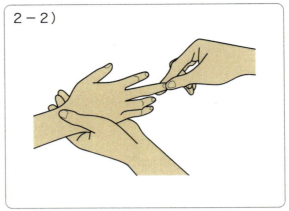

指の先

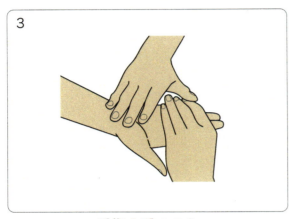 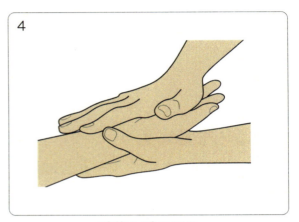

手指と手のひら　　　　　　　　　手首と手のひら

> **Point**
> 指の付け根の間、指先など、いろいろな刺激を与える。

まとめ

手の学習（片手ずつ　右→左）
① 指全体と手首
② 指と指の間
③ 指１本１本
④ 拇指対向
⑤ 指の付け根・握り
⑥ 手の両端
⑦ 手の根っこ
⑧ 手のひら…○、△、□、×を書く
⑨ 手全体

2 遠近の学習

≪手が体幹から離れる感覚を経験する≫

手の感覚がはっきりしたら、手を自分のからだから離してみよう。

① 手と肩を意識してみよう

手のひらと、肩か胸の前を意識してみて。

Point
肩の後ろ（または胸の前）と手のひらにふれる。

② 手をからだから離したり近づけたりしよう

手のひらが、からだから離れていく。手が遠くに行くよ。離れた手が自分のからだに戻ってくる。手が近くに来るよ。

そのとき、ひじや肩がうまい具合に動くんだよ。

おいしそうなものを見つけたとき、手を遠くにやって、食べ物をフォークで刺して、手を近くに戻して口にパクッ。

欲しいものに手を伸ばして、取って、においをかいだり、食べたり。そうやって手を使うんだ。

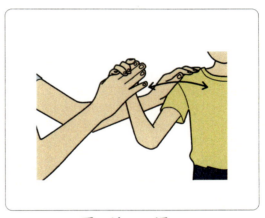

手の遠い・近い

Point
①の部分にふれたまま行う。できれば手の回内・回外運動を一緒に行う。

まとめ 遠近の学習（片手ずつ　右→左）
① 手と肩（または手と胸の前）
② 手の遠い・近い

3　足の学習

≪感覚器としての足を育てる≫

　人間は動物とちがって、2本の足で立って歩くよね。
　立ったとき、地面につくのが足のうら。
　坂道や、でこぼこ道。砂地や沼地でも、転ばないで歩く。
　後ろに倒れそうになると、かかとに力を入れて、前につんのめりそうになると、足の指でぎゅっと地面をつかみふんばる。
　右に傾くと、右足の外側と左足の内側に体重が乗り、左に傾くと、左足の外側と右足の内側に体重が乗る。
　歩くときには、かかと、土ふまず、つま先の順に体重移動するんだよ。
　足のうらは、地面の状態をとらえるセンサーなんだ。
　足のうらの感覚がにぶくなっていたら大変。足のうらの感覚をみがこう。

① かかとを感じよう
　感じてごらん。まずかかとだよ。

> **Point**
> 　両手で包み込むようにふれる。（以下②〜④も同様に）

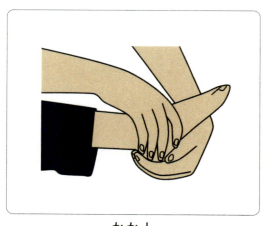

かかと

② 土ふまずを感じよう
　土ふまずだよ。

> **Point**
> ①と同様に、両手で包み込むようにふれる。

土ふまず

③ つま先を感じよう
　つま先だよ。

> **Point**
> ①と同様に、両手で包み込むようにふれる。

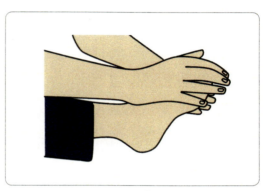

つま先

④ 外側と内側を感じよう
　足の外側と内側を意識してみよう。

> **Point**
> ①と同様に、両手で包み込むようにふれる。

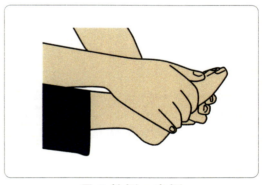

足の外側・内側

⑤ 足の指全体と足首を感じよう
　足の指。まず、指全体を感じてみよう。

> **Point**
> 足のつま先を、かかわりての手の上に乗せるようにして行う。また、足首を包みこむようにする。

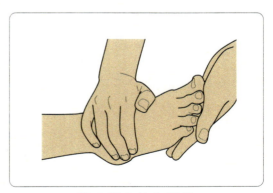

足の指全体と足首

⑥ 足の指の間を感じよう

指1本1本がはっきりするように、指と指の間をすべらせるようになぞってみるよ。

小指と薬指の間。薬指と中指の間。中指と人差し指の間。人差し指と親指の間。

指の間が、開いてきたかな。

Point
⑤の指全体がふれられている状態で行う。

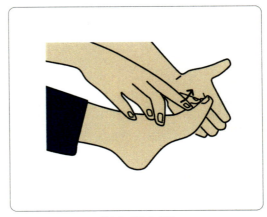

指と指の間

⑦ 足の指を感じよう

指を1本ずつ意識してみよう。小指。薬指。中指。人差し指。親指。

Point
指の付け根からふれる。

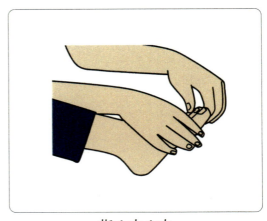

指1本1本

⑧ 足の指でにぎってみよう

足の指がはっきりしてきたら、動かしてみよう。足の指の付け根をごしごしこするよ。

そして、足首側に少し動かしてみるよ。

手の指のときと同じように、足の指をにぎりたくなるでしょ。

足の指をぎゅっとにぎったり、ゆるめたりしてごらん。

Point
指の付け根を意識させて握らせる。

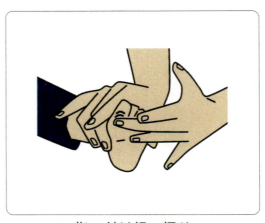

指の付け根、握り

⑨ 足全体を感じよう

　足の付け根の間や指先をごしごしこすったり、足のうら全体をポンポンたたいたり、いろんな刺激を入れるよ。

　しっかり地面を感じられる足になったかな。

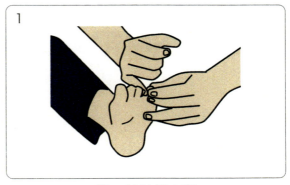
指の付け根の間

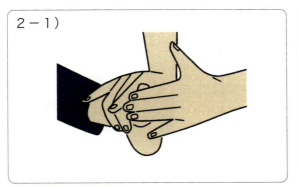

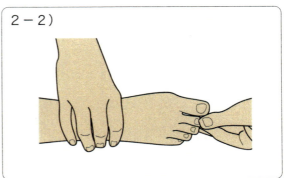

指の先

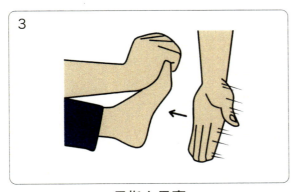
足指と足裏

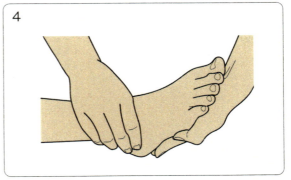
足裏

Point
指の付け根の間、指先など、いろいろな刺激を与える。3 タッピングは走ることを意識できるように行う。

まとめ
足の学習（片足ずつ　右→左）
① かかと　　② 土ふまず　　③ つま先　　④ 足の外側・内側
⑤ 足の指全体と足首　⑥ 指と指の間　⑦ 指1本1本　⑧ 指の付け根・握り
⑨ 足全体

4 身体への気づきの学習

≪自己の身体に気づく≫

立って歩いたり、走ったり、ジャンプしたりするときには、足のうらからたくさんの刺激、振動が伝わってくるよ。

骨は、振動や圧力が加わると、カルシウムがしっかりくっついて丈夫になるんだ。

感覚をとぎすまして、ゆれを全身で感じてみよう。自分のからだが分かるかな。

あおむけの姿勢で、足のうらから先生やお母さんに、ゆらしてもらってね。

5段階でゆれてみよう。

① 足全体を感じよう

足のうらに、ふれてもらっている手が地面だよ。

> **Point**
> 指の付け根が、かかわりての手根部につくようにして行う。

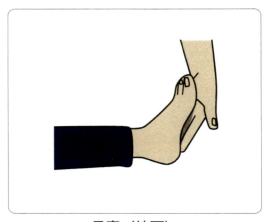

足裏（地面）

② ゆれを感じよう

ゆらし1は、足から頭の方へ、ほんの少しの小さな縦ゆれ。足首が起きる動きだよ。それでも全身にゆれが伝わってくるね。

ゆらし2は、もう少しだけ強いゆれ。足首が起きると、ひざも腰までピーンと伸びるね。

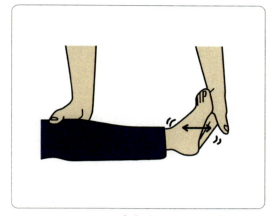

ゆらし

ゆらし3は、横ゆれ。腰とひざがスムーズに動くかな。

ゆらし4は、再び縦ゆれ。下方向に引っぱられるような、大きなゆれだよ。

ゆらし5は、さらに大きく、頭まで全身ガクガク、ガクガク。

少しずつ弱くなるよ。

ゆらし4は胸まで。ゆらし3は腰までの横ゆれ。
ゆらし2は縦ゆれでひざまで。ゆらし1は足首。
ストップ。ピタ。

ゆれが止まった後の、地面を感じてね。

> **Point**
> 足裏とひざをサポートしながら、足首を動かすようにゆらす。

> **まとめ** 身体への気づきの学習（片足ずつ　右→左）
> ① 足裏（地面）
> ② ゆらし（押し・引き／回旋）

5 腹部(おなか)の学習

≪腹部のボディ・イメージを変える≫

呼吸をするとき、おなかがふくらんだりへっこんだりするよね。

おなかにぎゅっと力が入っていたり、ピーンとつっぱったりしていたら、上手におなかを動かせないので、おなかで呼吸をするのが難しくなるんだ。

ゆっくりおなかを動かして呼吸をすると、おなかが血管を押すポンプの役目をして、血液の流れがよくなるよ。

おなかが動くと、腸の動きもよくなって、便秘もなくなるよ。

おなかをじっくり感じてみてごらん。

ゆっくり、深く呼吸をすると、おなかが大きく動くのが分かるよ。

① おなかの真ん中を感じよう

おなかの真ん中を、縦に感じてみよう。

みぞおちのところから、おへその下までだよ。

Point
みぞおちと恥骨の少し上の部分をそっとふれる。

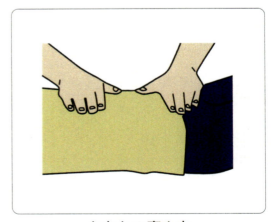

おなかの真ん中

② おなかの外側を感じよう

おなかの斜めを感じてみてね。からだをねじるときにも使うよ。

わき腹からおへそに、斜め方向におなかを感じてみてね。

おなかの外側だよ。

Point
上の手を横にずらすようにして、ふれる位置を変える。

おなかの外側

③ おなかの内側を感じよう

みぞおちから腰骨の方に、おなかを斜めに感じてみよう。

おなかの内側だよ。

おなかをバランスよく使って、姿勢を保ったり、からだを動かしたりするんだ。

Point
上の手を真ん中に戻し、下の手を横にずらすようにして、ふれる位置を変える。

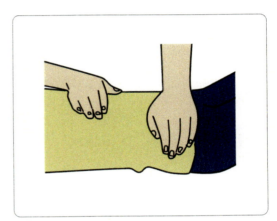

おなかの内側

まとめ
腹部（おなか）の学習（片側ずつ　右→左）
① おなかの真ん中
② おなかの外側
③ おなかの内側

6　胸部（むね）の学習

≪胸部のボディ・イメージを変える≫

　息を吸うと、おなかが大きくふくらむだけじゃなくて、胸が広がって、空気がいっぱい入ってくることが分かるよね。
　胸が前や横に広がって、肺に空気を入れるんだ。
　胸を大きくふくらませたり、反対に小さくしたりすることで、空気が肺に入ってきたり、肺から出ていったりするんだよ。
　左右の胸を一緒に使わないと、ろっ骨や背骨が曲がってきちゃうこともあるんだ。
　胸の動きを感じてみよう。

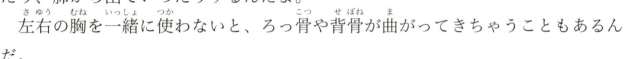

① 胸の下を感じよう
　胸の下半分くらい。胸の下だよ。

> **Point**
> 　胸郭の下にかかわりての手根部を当て、そのまま指先を胸の上に下ろす。

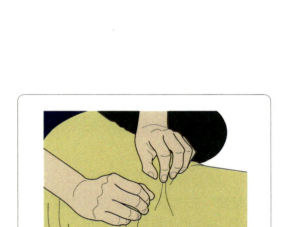

胸の下

② 胸の上を感じよう
　胸の上半分。胸の上だよ。

> **Point**
> 　かかわりての指先が鎖骨の下にふれるようにして、そのまま手根部を胸の上に下ろす。

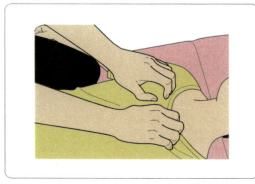

胸の上

③ 胸の横を感じよう
　胸の横は、よこっぱらにかけて。

> **Point**
> 胸郭を横から、①、②と同じようにふれる。

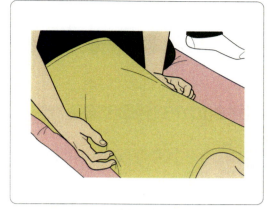
胸の横

④ 胸の後ろを感じよう
　胸の後ろは、背中側だよ。
　胸全体に、空気がいっぱい入ってきたかな。

> **Point**
> 背中側に手を回し、胸郭を後ろから包み込むようにふれる。

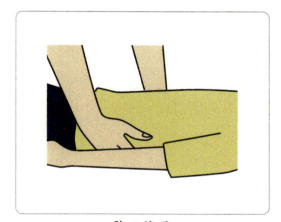
胸の後ろ

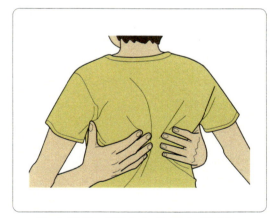
胸の後ろ（背中から見た場合）

まとめ
胸部（むね）の学習（左右一緒に）
① 胸の下
② 胸の上
③ 胸の横
④ 胸の後ろ

7　上下の学習

≪屈曲位から伸展する感覚を経験する≫

お母さんのおなかの中にいるとき、赤ちゃんはからだをまん丸に丸めているんだ。
そして、お母さんから生まれたとたん、丸まっていたからだが伸びて、おなかと胸を使って、たくさんの空気を吸い込むんだよ。

① 体を丸めてみよう
ひざを曲げて、おなかや胸にぎゅっとくっつけて、手もひじも曲げて、おへそを見るようにまん丸になってごらん。
だんご虫のように、できるだけちっちゃく、まん丸に。

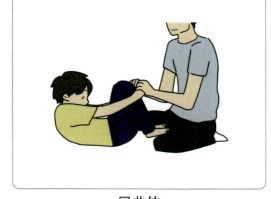

屈曲位

そのまま10数えてみよう。
1、2、3、……、10。
ゆっくりとひざから手をはなして、楽な姿勢に戻ろう。

> **Point**
> 手でひざを抱えるように屈曲位を作らせる。肩の脱臼等の心配のない場合は、少し前方に引くように介助することで頭が上げやすくなる。

② 手を伸ばして上をおぼえよう

　おなかを意識しながら、頭の上の方に手の指先まで伸ばして、上の方向をおぼえよう。

> **Point**
> 　手首ではなく、指先にふれながら上肢をわずかに上方向に伸ばす。
> 　（手首にふれると脊柱に力が入り、背中側が意識されてしまう。）

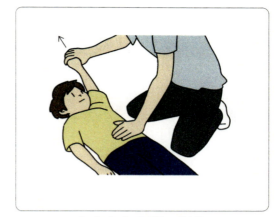

おなかから手の指先

③ 足を伸ばして下をおぼえよう

　おなかから下に、足の指先まで伸ばして、下の方向をおぼえよう。

> **Point**
> 　②と同様の理由で、足首ではなく、足の指先に触れながら下肢をわずかに下方向に伸ばす。

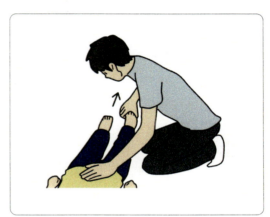

おなかから足の指先

まとめ

上下の学習
① 屈曲位から伸展
② 上の方向、おなかから手の指先（片側ずつ　右→左）
③ 下の方向、おなかから足の指先（片側ずつ　右→左）

8　頸部（くび）の学習

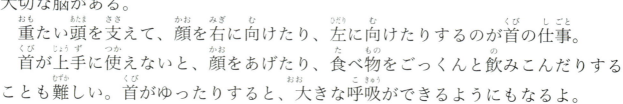

≪頸部のボディ・イメージを変える≫

　からだの上に頭が乗っかっている。
　顔には目や鼻、口、耳があるし、頭には大切な脳がある。
　重たい頭を支えて、顔を右に向けたり、左に向けたりするのが首の仕事。
　首が上手に使えないと、顔をあげたり、食べ物をごっくんと飲みこんだりすることも難しい。首がゆったりすると、大きな呼吸ができるようにもなるよ。

① 首の内側を感じよう

　首の後ろから、鎖骨の内側をゆったりさせてごらん。首の内側だよ。

> **Point**
> 　首の後ろに片手を回して側頸部にふれ、もう片方の手で鎖骨の内側の下部にふれる。

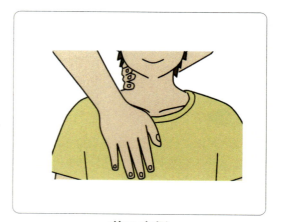

首の内側

② 首の外側を感じよう

　首の後ろから鎖骨の外側。肩をゆったりさせてみよう。首の外側だよ。
　呼吸がしやすくなって、なんだか首が伸びた感じがしてくるよ。

> **Point**
> 　首の後ろに片手を回し側頸部にふれ、もう片方の手で鎖骨の外側の下部にふれる。

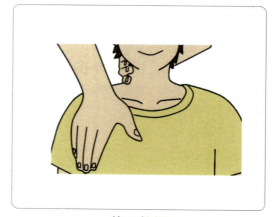

首の外側

まとめ　頸部（くび）の学習（片側ずつ　右→左）
① 首の内側
② 首の外側

9 前頸部(のど・あご下)の学習

≪前頸部のボディ・イメージを変える≫

首の前側、のどぼとけの上に舌骨という骨があるよ。

食べ物、飲み物をごっくんと飲みこむときには、この舌骨が動くんだ。

舌骨にはたくさんの筋がついていて、それがバランスよく働いてくれないと、あごが下に引っぱられて、口が開いたままになってしまったり、舌がうまく動かなくなってしまったりすることもある。

そうなると、鼻で呼吸することが難しくなったり、食べ物や飲み物、時には唾液でさえむせてしまうこともあるんだ。

とっても大切な首の前側を、しっかり学習しよう。

① のどの前側を感じよう

舌骨から下がのどだよ。

舌骨からまっすぐ下、胸の骨のあたりまでが、のどの前側。

> **Point**
> 舌骨の下端にごく軽くふれ、もう片方は胸骨上部にふれる。

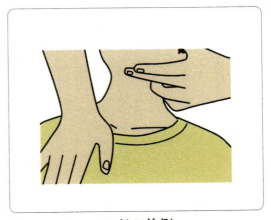

のどの前側

② のどの横側を感じよう
　舌骨から斜め下、肩の前までが、のどの横側だよ。

Point
舌骨の下端横と、鎖骨の中央上部にふれる。

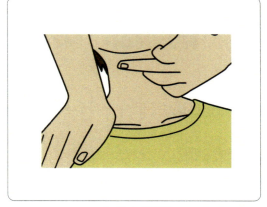

のどの横側

③ のどの後ろ側を感じよう
　肩の後ろまでが、のどの後ろ側だよ。

Point
舌骨の下端横と、肩の後ろの肩甲骨上部にふれる。

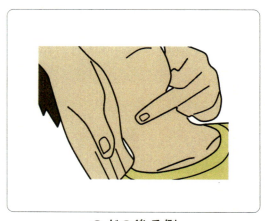

のどの後ろ側

④ あご下の前側を感じよう
　舌骨から上が、あご下だよ。
　舌骨からまっすぐ上、あごの先端までが、あご下の前側だよ。

Point
舌骨の上端と、下顎の先端の裏側にふれる。

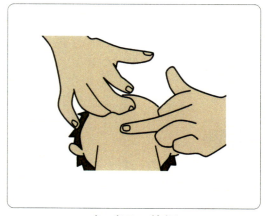

あご下の前側

⑤ あご下の横側を感じよう

　舌骨から斜め上、あごの横の角までが、あご下の横側だよ。

Point
舌骨の上端と、下顎の先端と下顎角の間をふれる。

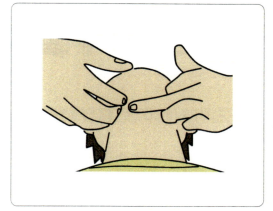

あご下の横側

⑥ あご下の後ろ側を感じよう

　耳たぶの後ろあたりまでが、あご下の後ろ側だよ。

Point
舌骨の上端横と、耳たぶの後ろにふれる。

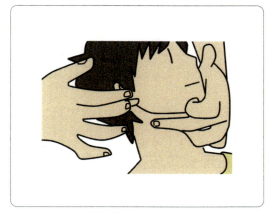

あご下の後ろ側

まとめ

前頸部の学習（片側ずつ　右→左）
① のどの前側
② のどの横側
③ のどの後ろ側
④ あご下の前側
⑤ あご下の横側
⑥ あご下の後ろ側

10 左右の学習

≪左右非対称の感覚経験をする≫

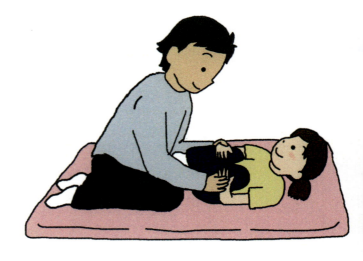

赤ちゃんが、あおむけの姿勢で、手や足を高くあげていることがあるよね。

足を手でさわったり、時には足を口まで持っていったりしている。

高くあがっていた足が、パタンと横に倒れたとき、足だけではなく、からだも横向きになるよね。

そのとき、首がねじれて、そのねじれを直そうと、顔も同じ方向を向くんだ。

そうやって、首を左右に動かすことを覚えよう。

① 丸まって左右に倒れてみよう

ひざを曲げた丸まった姿勢で、ひざを右に倒してごらん。

首がねじれて、その後、自然と顔も右を向くかな。

今度は左に倒して。何度か繰り返してみよう。

ゴロン、ゴロンと倒してみよう。右左、右左。

背骨もねじれながら動いて、気持ちがいいよ。

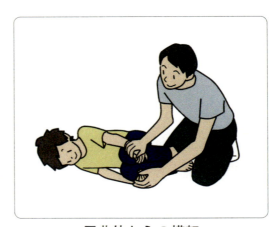

屈曲位からの横転

> **Point**
> 手でひざを抱えるように屈曲位を作らせる。
> 左右に交互に体を倒すようにして、首の回旋運動を促す。

② 左右をおぼえよう

　手を左右に広げてみるよ。

　首の右側から右手首までが、まっすぐ右に行くように、腕を伸ばして右の方向をおぼえよう。

　同じように、首の左側から左手首までが、まっすぐ左に行くように、腕を伸ばして左の方向をおぼえよう。

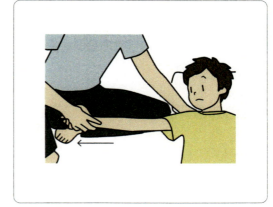

首からまっすぐ左右に

> **Point**
> 　片手で首の横側と鎖骨の下部にふれ、もう片方の手で手首をふれながら握手をし、横にわずかに伸ばして左右を教える。

まとめ

左右の学習
① 屈曲位からの横転（右左交互に）
② 首から手をまっすぐ左右に（片側ずつ　右→左）

11　肩の学習

≪肩のボディ・イメージを変える≫

　丸まっていたからだが伸びるとき、縦にも広がるけれど、横にも一緒に広がるよね。
　腕がからだの横に来て、肩の前がゆったりすると、胸に空気がいっぱい入るし、腕が動かしやすくなるよ。

① 肩の前を感じよう
　肩の前を、鎖骨の両端が広がるように意識してみよう。

Point
鎖骨の両端の下部をふれる。

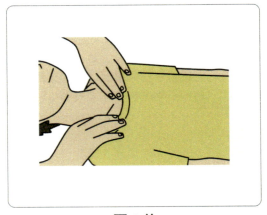

肩の前

② 広く肩の前を感じよう
　胸の真ん中から、腕の付け根の方に広がっていくように、意識してみよう。

Point
片手で胸骨にふれ、もう片方の手で腕の付け根の前側にふれる。

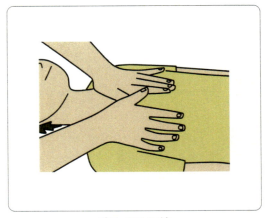

広い肩の前

③ 肩の横を感じよう
　わきの下から肩甲骨がゆったりするようにしてね。
　肩の横だよ。
　大きく息をしてみよう。

> **Point**
> 片手でわきの下をふれ、もう片方の手を背中に回して肩甲骨にふれる。

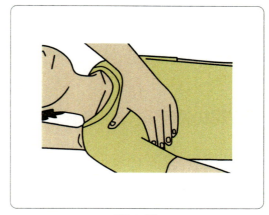

肩の横

④ 肩を回してみよう
　肩がゆったりした状態で、腕を回してみよう。ひじで円を描くように、後ろに回してごらん。
　少しずつ大きな円にしていくと、だんだん腕を、上に持っていけるようになるよ。

> **Point**
> 片手で握手をして、もう片方の手でひじを介助して後ろ回しをする。
> 動く範囲で動かす。

肩回し

まとめ
肩の学習（片側ずつ　右→左）
① 肩の前
② 広い肩の前
③ 肩の横
④ 肩回し

12　腰部（こし）の学習

≪腰部のボディ・イメージを変える≫

しっかり座るには、腰が肝心かなめ。
からだや足を動かすにも、腰がとても大切。腰に力が入っていると、スムーズな動きができないし、呼吸もゆったりできないんだ。

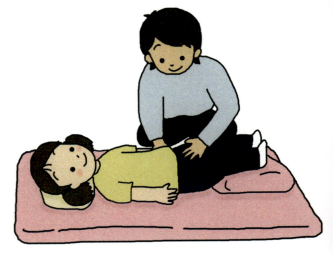

① 腰の後ろ側を感じよう

腰の後ろ側は、背中の下から太ももの付け根の部分を意識してみよう。
背中の力が抜けて、またが広がってくる感じがするよ。

Point
ウエストの後ろと股の内側をふれる。

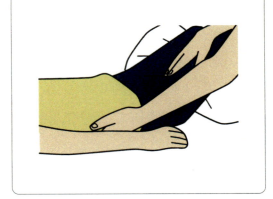

腰の後ろ側

② 腰の前側を感じよう

腰の前側は、左右の腰骨のあたりから、太ももの付け根の部分を、ゆったりと意識してみよう。
またや脚が、ますます広がってくるよ。

Point
腸骨の前側と股の内側をふれる。

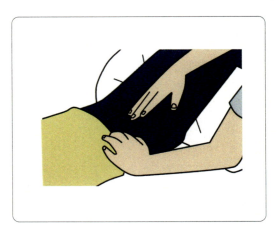

腰の前側

③ 腰の横側を感じよう

腰の横側は、おしりの横と太ももの横だよ。外側を意識すると、内側の力が抜けていくよ。

呼吸が、とても大きくできるようになるんだ。

腰の横側

> **Point**
> 腸骨の外側と大腿の中央の側面をふれる。

④ 股関節を動かしてみよう

腰まわりがゆったりしたら、脚を動かすよ。片方のひざを、曲げるようにからだにくっつけて。そして、外側に倒すようにしながら、脚を伸ばしてみよう。

もう一度やってみよう。ひざを曲げて、外回ししながら脚を伸ばすんだよ。

今度は内回し。

ひざを曲げるときに、外側に開くようにして曲げよう。

曲げたひざを伸ばすときは、まっすぐにけるようにしてみてね。

もう一度やるよ。

外側に開きながらひざを曲げて、まっすぐに伸ばす。

股関節回しの運動をすると、腰から足が長く伸びたような感じがするよ。

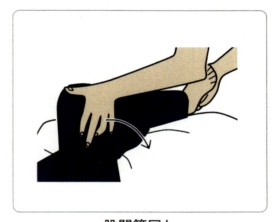
股関節回し

> **Point**
> 足裏とひざを介助し、分回し運動を練習する。動く範囲で動かす。（足裏には、指の付け根にかかわりての手根部がつくようにする。）

まとめ 腰部（こし）の学習（片側ずつ　右→左）
① 腰の後ろ側
② 腰の前側
③ 腰の横側
④ 股関節回し

13 背臥位(あおむけ)から腹臥位(うつぶせ)への学習

≪体軸内回旋の感覚経験をする≫

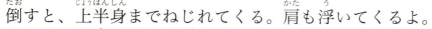

　肩や腰が動きやすくなったら、寝返りをしてみよう。
　あおむけで寝て、向く方の腕をからだから少し離して、反対側のひざを曲げてね。
　ひざを、向く方に倒してごらん。腰がねじれてきて、もっと倒すと、上半身までねじれてくる。肩も浮いてくるよ。
　そして、浮いてきた方の手を、回る方に持っていくんだ。
　これが横向き。足を「くの字」に曲げて、腕を軽く曲げておくと安定するよ。
　横向きからあおむけに戻るときは、足と腰はそのままで、肩を元に戻してみよう。上半身が戻ると、からだがねじれて、足や腰も自然に正面に戻ってくるよ。
　うつぶせになる場合は、横向きの姿勢から、曲げていた足を腰からぎゅうっと伸ばしてみよう。からだがパタンと倒れて、うつぶせになれるよ。
　もし、腕がからだの下に入ってしまったら、からだをもっと回転させて、反対の腕に体重を乗せよう。からだの下に入っている手を、出すことができるよ。

> **Point**
> 　（右に回転する場合）子どもの右側に位置する。右上肢を身体から少し離し、左ひざを曲げて倒す。体がねじれ、左肩が浮いてきたら左肘を介助し、側臥位にする。
> 　さらにウエストの後ろに軽くふれ、左足のかかとの後ろを下方向に引くようにすると腹臥位になる。（左への寝返りは、左右反対で同様に行う。）

まとめ
背臥位から腹臥位への学習（片側ずつ　右→左）
背臥位から下半身をねじって側臥位
側臥位から足を伸ばして腹臥位

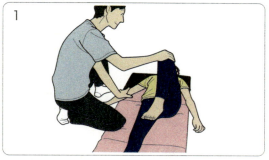
腕を身体から少し離し、ひざを曲げる

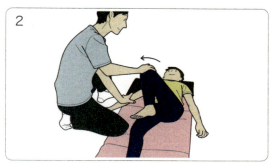
ひざを向きたい方に倒す

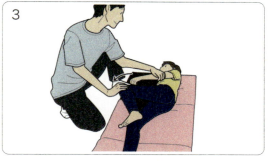
肩が浮いてきたら肘を介助する

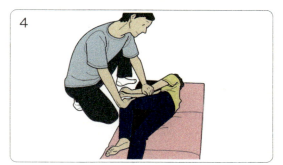
横向き

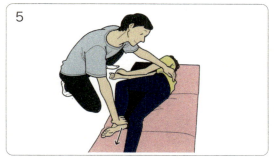
足を伸ばすと……

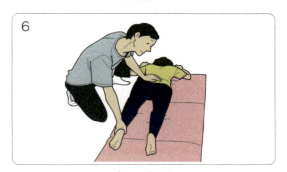
うつぶせ

【下の腕が抜けない場合】

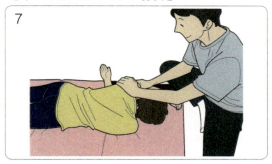
反対の腕の肘を立てて……

肩を介助しながら体重を乗せる

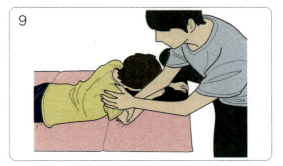
下に入っている手を引き出す

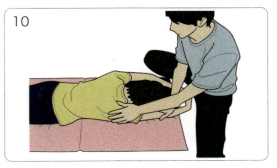
うつぶせ

14　背中の学習

≪背中のボディ・イメージを変える≫

　背中は、胸やおなかの後ろ側。
　よい姿勢を作るのにも、呼吸をするのにも大事なところ。
　ここがゆったりすると、手足も伸びて、ますます呼吸がしやすくなるよ。
　背骨を中心に、左右とも確認してね。
　左右の片側だけを使っていると、背骨が曲がってきちゃうこともあるよ。

① 背中の下を感じよう
　背中の下は、おなかの裏側だよ。
　背骨の腰に近いところから斜め上方向、ろっ骨の下の部分をゆったりさせてみて。

Point
腰椎と肋骨の最下部をふれる。

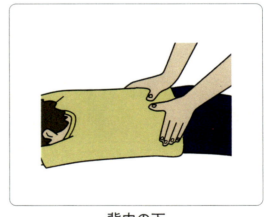

背中の下

② 背中の真ん中を感じよう
　背中の真ん中は、胸の裏側。
　胸の後ろのふくらみのあたりを、ゆったりさせよう。

Point
胸郭の後ろ側の脊柱と肋骨部分をふれる。

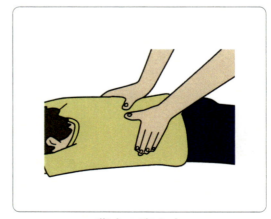

背中の真ん中

③ 背中の上を感じよう

　背中の上は、腰からわきの下までの、広いところをイメージしてね。

　自分の呼吸が、とても大きくなっていくことに気づくかな。

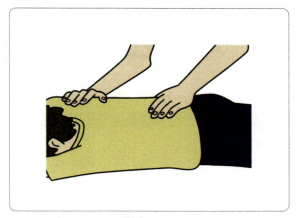

背中の上

> **Point**
> ウエストの後ろ側（骨盤に近い部分）と、わきの下をふれる。

【あおむけの場合】

背中の下

背中の真ん中

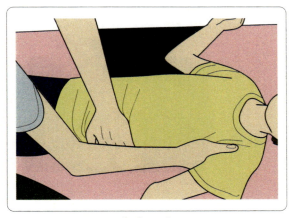

背中の上

まとめ

背中の学習（片側ずつ　右→左）
① 背中の下
② 背中の真ん中
③ 背中の上

15　中心と輪郭の学習

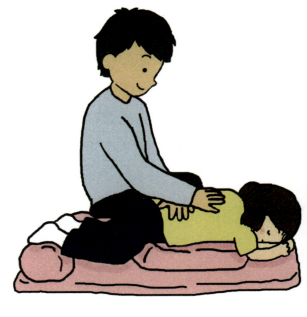

≪体の中心軸と輪郭を意識する≫

運動の基準にもなる、背中の中心線とからだの輪郭を学習しよう。

① 背すじを感じよう

背骨にそって、首から腰までのからだの中心の軸が背すじ。
からだの縦の線だよ。

> **Point**
> 片手を仙骨の上におき、もう片方の手で首から脊柱をなぞるようにふれて、体の中心線が意識できるようにする。

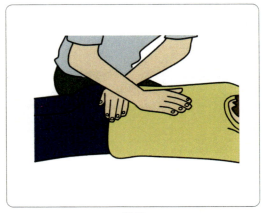

背筋

② 輪郭を感じよう

からだの両側をいっぺんにイメージしてね。
首、肩、胸、おなか、腰。
自分のからだの輪郭が分かったかな。

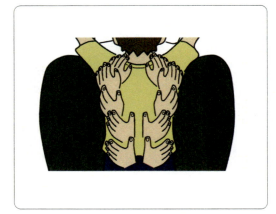

首、肩、胸、おなか、腰

> **Point**
> 両手で左右一緒に側面をふれて、輪郭が意識できるようにする。

まとめ　背部の学習
① 背筋
② 輪郭（首、肩、胸、おなか、腰）

16　脊柱から手・足への学習

≪中枢から末梢へのつながりを経験する≫

背中側をゆったりさせながら、手足を伸ばしてみよう。

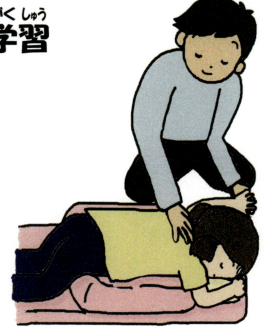

① 腰から手までのつながりを感じよう

手のひらを意識して。

腰、背すじ、首、肩、ひじ、手首、手が全部つながっているよ。

> **Point**
> 片手で手のひらにふれ、もう片方の手で腰、背筋、首、肩、肘、手首、手と、それぞれの場所をなぞるようにふれる。

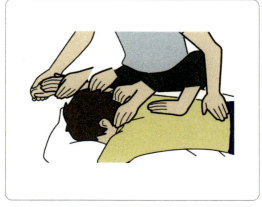

手のひらと腰、背筋、首、肩、肘、手首、手

② 腕を伸ばしてみよう

腰から手首までを、ぎゅうっと上に伸ばしてみよう。

> **Point**
> 片手で腰をふれ、もう片方の手で手首を持ち、上方向に軽く引き、上肢が伸びるように誘導する。
> ふれる場所を手首に変えることで、脊柱が意識できるようになる。

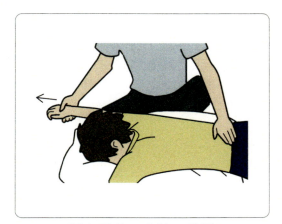

腰と手首・上肢の伸展

③ 腰から足までのつながりを感じよう
　足のうらを意識して。
　背すじ、腰、おしり、もも、ひざ、足首、足がながーくつながっているよ。

> **Point**
> 　片手で足裏にふれ、もう片方の手で背筋、腰、お尻、もも、ひざ、足首、足と、それぞれの場所をなぞるようにふれる。

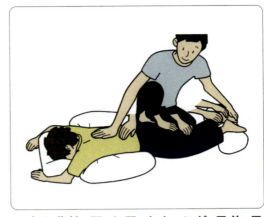

足裏と背筋、腰、お尻、もも、ひざ、足首、足

④ 脚を伸ばしてみよう
　腰からかかとを、ぎゅうっと下に伸ばしてみよう。

> **Point**
> 　片手で腰にふれ、もう片方の手でかかとを持ち、下方向に軽く引き、下肢が伸びるように誘導する。
> 　ふれる場所をかかとに変えることで、脊柱が意識できるようになる。

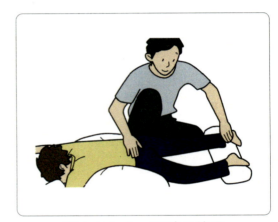

腰とかかと・下肢の伸展

まとめ　脊柱から手・足への学習（片側ずつ　右→左）
① 手のひらと腰、背筋、首、肩、肘、手首、手
② 腰と手首・上肢の伸展
③ 足裏と背筋、腰、お尻、もも、ひざ、足首、足
④ 腰とかかと・下肢の伸展

17 肘立て位の学習

≪上肢が体幹から離れ、骨盤が起きる経験をする≫

うつぶせでゆったりしたところから、少し動いてみよう。

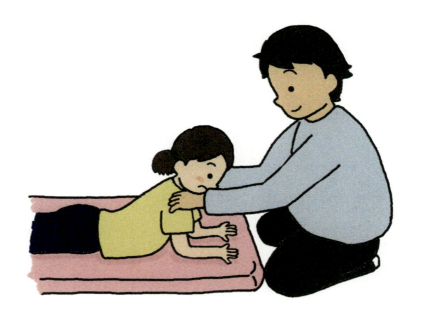

① ひじ立てをしてみよう

うつぶせのまま、腕を少し前に出して、肩幅にひじをおいてね。

肩とひじに力を入れて、顔を起こすよ。

脚はまっすぐ伸ばしたままで、顔を上げる。

これがひじ立ての姿勢だよ。

床にひじから手をつけて、自分のからだを支えてみよう。

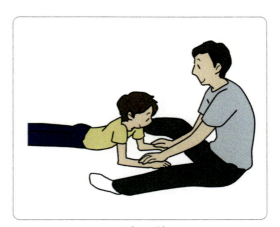

肘立て位

> **Point**
> 腹臥位で上肢を肩幅くらいに開き、上腕が床と垂直になるようにして、前腕に体重が乗るようにする。
> 肩や首が心配な場合は行わない。
> 股関節や下肢の伸展が難しい場合は、クッションなどを工夫して使う。

② ひじ立てをしたまま左右にゆれてみよう

ひじ立ての姿勢のままで、左右にゆれてごらん。

右・左・右・左。

ぐらぐらとスムーズに動けるかな。

ゆらし

Point
肩を介助しながら左右にゆらす。

③ 左右に体重移動してみよう

左右に大きく体重移動。

右だよ。左だよ。

止まることもできるかな。

左右に体重移動

Point
肩を介助しながら、左右に大きく体重移動させる。

まとめ

肘立て位の学習
① 上肢を肩幅に開き、肘立て位（股伸展）
② ゆらし
③ 左右に体重移動

18 腹臥位(うつぶせ)から背臥位(あおむけ)への学習

≪体軸内回旋の感覚経験をする≫

うつぶせからあおむけへ、寝返りをしてみよう。

ひじ立ての姿勢から、片側のひじに大きく体重を乗せてみて。

肩と顔が上を向いて、からだがねじれてくるよ。もっと体重を乗せると、からだがごろんとあおむけに倒れるよ。

これがうつぶせからあおむけへの寝返り。からだがねじれて気持ちいいね。

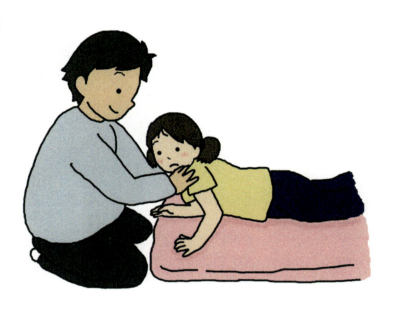

> **Point**
> 肘立て位から、左右どちらかへ大きく体重移動し、そのまま体軸を回旋させる。

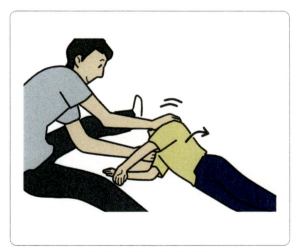

片側の肘に体重移動

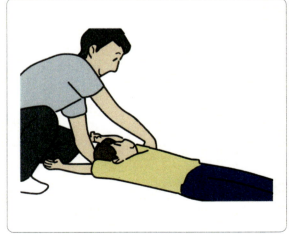

体がねじれてあおむけ

> **まとめ** 腹臥位から背臥位への学習（片側ずつ　右→左）
> 腹臥位から肘立て位へ。体重移動して背臥位へ。

19 口周辺の学習

≪口周辺のボディ・イメージを変える≫

食事のときは、口から食べたり飲んだりする。

話をするときは、口から声を出して、口元の表情を見て、笑っているとか、怒っているとかも分かる。

口はとても大切な場所だよね。

でも、口をずっと開けていると、口で呼吸をしてしまって、鼻で呼吸をしなくなってしまう。鼻で呼吸をすることは、健康にとてもいいことなんだよ。

鼻は、マスクの役目をしていて、細かいゴミやほこり、ウイルスがからだに入るのを防いでくれる。それに、鼻からからだに入った空気は、口から入った空気に比べて、ちょうどいい温度と湿度になっているんだ。

かぜをひいたときに、マスクをすると楽になるよね。かぜで鼻がつまって、口で呼吸をしても、マスクが鼻の役目をしてくれるんだよ。

口のまわりを意識して、口を開けたり閉じたりしてみよう。

① 口の上を感じよう

口の上は、上くちびるの左右のはしっこと、左右の小鼻の横。

> **Point**
> 鼻の横と口角の上を、指でそっとふれる。

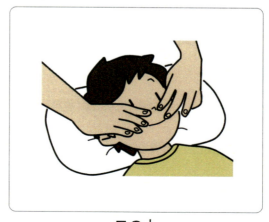

口の上

② 口の下を感じよう
　口の下は、下くちびるの左右のはしっこから、下のあごまでの間。

Point
　口角の下と、口角から下へおりたあごの下縁を、指でそっとふれる。

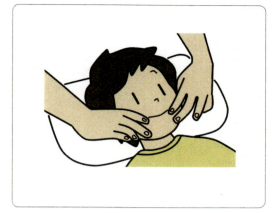
口の下

③ 下くちびるの下を感じよう
　下くちびるの下は、下くちびるの真ん中の下とあごの先っぽの間。

Point
　下唇中央の下と、あごの先端を、指でそっとふれる。

下唇の下

④ ほほの斜め上を感じよう
　ほほの斜め上は、くちびるの左右のはしっこから、ほっぺの方向の斜め上。

Point
　口角と、頬骨の最も高いところを、指でそっとふれる。

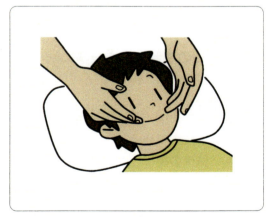
ほほの斜め上

⑤ ほほの横を感じよう
　ほほの横は、くちびるの左右のはしっこから、ほっぺの方向の真横。

> **Point**
> 口角と、ほほの真ん中を、指でそっとふれる。

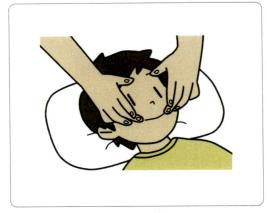

ほほの横

⑥ ほほの斜め下を感じよう
　ほほの斜め下は、くちびるの左右のはしっこから、ほっぺの斜め下。

　口のまわりが軽くなって、自然に口が閉じられるよ。

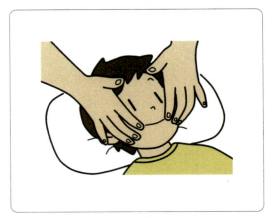

ほほの斜め下

> **Point**
> 口角と、口角から斜め下の下顎角のあたりを、指でそっとふれる。

まとめ

口周辺の学習（左右一緒に）
① 口の上
② 口の下
③ 下唇の下
④ ほほの斜め上
⑤ ほほの横
⑥ ほほの斜め下

20 座位の学習

≪抗重力姿勢を経験する≫

① 体育座りをしてみよう

　あおむけから、ひざを胸につけるようにして、だんご虫の形になってみよう。

　手でひざを抱えて、首を起こして口は閉じる。そのまま縦に転がるように、1、2、3と足のうらを3回床につけてから、体育座りになってみよう。体育座りになったら、足のうらをしっかり床につけて、自分の体重を乗せる。

　体育座りから、からだを後ろに倒さないようにしながら、自分の座りやすい姿勢になろう。

屈曲位から縦転

> **Point**
> 手でひざを抱えるように屈曲位を作らせる。横から首の後ろを介助し、足裏を床にしっかりつけるようにして体育座りの姿勢をとらせる。前傾した姿勢のまま、あぐら座位などにする。

② 座ったままゆれてみよう

　先生やお母さんに、前からひじを支えてもらって、前後左右にゆれてみよう。

　後ろに倒れたら前に引っぱってもらい、前に引っぱられたら後ろに倒れてみよう。横に傾いたら、倒れないようにからだを反対側に戻してね。ゆっくり戻したり、もっと速くぐらぐらゆれたりしてみよう。

座位のままゆらし

> **Point**
> 子どもの前に移動し、肘を支えて前後左右にゆらして、立ち直りを誘発する。

③ おなかを感じよう

　からだが倒れないようにしたり、元の姿勢に戻したりするには、おなかを使うよ。

　おなかをしっかり意識してね。

> **Point**
> 子どもの背後に移動し、おなかの真ん中をふれる。

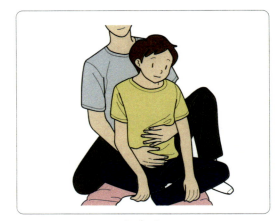

おなか

④ 後ろにもたれてみよう

　おなかを意識した後は、おなかをゆったりさせて、少し後ろにもたれるように、倒れてみよう。

　先生やお母さんに、よりかかるようにしてみて。

> **Point**
> おなかにふれたまま、後ろにもたれさせる。

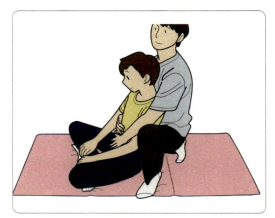

もたれ

⑤ 肩の前を感じよう

　肩の前を、広くゆったりさせて、腕を楽にしよう。

> **Point**
> 両肩の前（左右の鎖骨の下部）にふれる。かかわりての手根部が鎖骨の外側の下部にくるようにする。

肩の前を広く

⑥ 手を高くあげてみよう

　楽になった腕を、高く上にあげてみよう。
高い・低いをおぼえてね。
　ゆっくり腕を上げるときに、背すじが伸びるよ。
　ゆっくりと腕を下ろすよ。でも、背中が丸まらないようにしてね。

手を高く

> **Point**
> 肘を介助し、両腕を前から上げ、背中に力が入るようにする。
> 背中に力が入ったら、体を少しだけ前に倒し、両腕を体の横から後ろ側に下ろすようにする。

⑦ 骨盤を起こそう

　腰を上方向に少し持ち上げてみよう。骨盤が起きて、しゃきっと座れるよ。
　そのまま、左右にぐらぐらゆれてみよう。
　ゆったりとした、いい姿勢になっているはずだよ。
　顔を起こして、まわりを見てごらん。

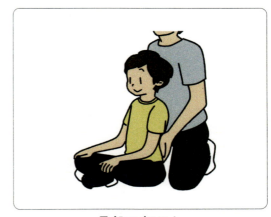

骨盤の起こし

> **Point**
> 肋骨下部にふれながら、腰をわずかに引き上げるようにして、骨盤を起こさせる。
> 座位が困難な場合は、もたれた姿勢で同様に行う。

まとめ

座位の学習
① 屈曲位から縦転 → 体育座り → 座位（座りやすい姿勢）
② 座位のままゆらし
③ おなか
④ もたれ
⑤ 肩の前を広く
⑥ 手を高く
⑦ 骨盤の起こし

第Ⅱ部
展開編

第2章 移動 [展開Ⅰ]

～からだを動かしてみよう～

1 下肢の学習

≪下肢の総合的なボディ・イメージを変える≫

① 指と指の間の2点を感じよう

足の指って短いように見えるけど、指の骨は長いんだよ。指と指の間を意識してみよう。

小指と薬指の間。薬指と中指の間。中指と人差し指の間。人差し指と親指の間。

指と指の間

中足骨の両端の間

Point
足の甲側から、中足骨の両端の間を軽くふれる。

② 足指を感じよう

Point
第1章 3 足の学習 ⑦ 参照
そっと、指の付け根からふれる。

③ 足のうらを感じよう

足の指に力が入っていると、かかとや土ふまず、足のうら全体がはっきりしないよ。

指の付け根とかかとを基準にして、足のうら全体を意識してみよう。

足裏全体

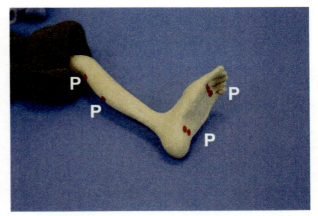
指の付け根、かかとの内側、ふくらはぎ

> **Point**
> 足指の付け根にかかわりての手根部が軽くふれるようにし、足裏のかかとの内側にかかわりての指先がふれるようにする。
> もう一方の手で、ふくらはぎを包み込むようにする。

④ 足の内側を感じよう

足首に力が入ると、足の指を曲げようと力が入ったり、足が内側向きになったりしちゃうんだ。

内くるぶしからひざの下の内側を、ゆったりさせてみて。

だんだんと、足が外側に開いてくる感じがするよ。

足の内側

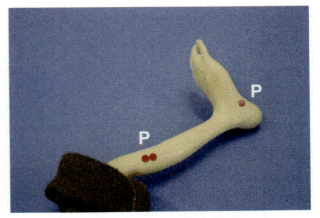
内くるぶしの下、脛骨と腓骨の間

> **Point**
> 足の内くるぶしの下をふれる。
> もう一方の手で、脛骨と腓骨の間をふれる。

⑤ アキレス腱を感じよう

軽くひざを曲げて、かかととひざのうらを感じてみよう。

アキレス腱

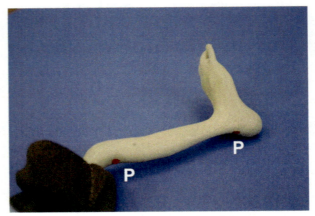
かかとの後ろ、ひざの裏側

> **Point**
> 軽くひざを曲げた状態で、かかとの後ろを包み込むようにふれる。
> もう一方の手で、ひざの裏側にふれる。

⑥ ひざのうらを感じよう

ひざを伸ばして、かかととひざのうらを感じてみよう。

ひざの裏

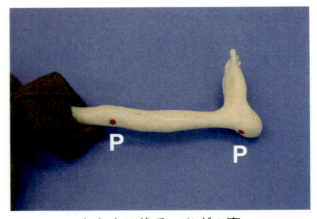
かかとの後ろ、ひざの裏

> **Point**
> ひざが伸びている状態で、かかとの後ろを包み込むようにふれる。
> もう一方の手で、ひざの裏にふれる。

⑦ 脚全体を感じよう

おしりからかかとまで、脚全体を感じてみて。脚が伸びた感じがするかな。

脚全体

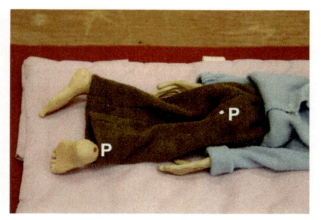
かかと、坐骨結節

> **Point**
> かかとを包み込むようにする。もう一方の手で、お尻の坐骨結節のあたりをふれる。

⑧ 腰の後ろを感じよう

> **Point**
> 第1章 12 腰部（こし）の学習 ① 参照

⑨ 腰から足のつながりを感じよう

腰の後ろから、足のうら全体をイメージしてみると、ますます脚が伸びてくる感じがするよ。

腰から足

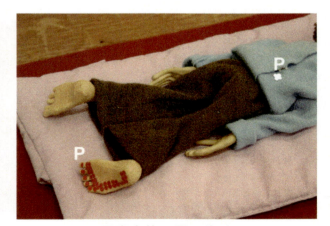
足裏全体、腰の後ろ

> **Point**
> 腰部の後ろ側に手をおく。もう一方の手で、足の裏全体にふれる。
> 下肢全体の緊張がとれない場合、腰部の学習を復習してから、腰から足のつながりの学習を行う。

⑩ ひざをゆらしてみよう

　足が「八の字」になるようにして、ひざを立ててみてね。

　ひざをつけたまま、ゆっくりと左右に動かしてみよう。ひざを少しずつ広げてみよう。

足を「八の字」に

ゆっくりと左右にゆらす

> Point
> ひざがつくようにして、左右の下肢が一緒に動くようにする。
> 小さな動きから始める。無理にひざを開かない。

まとめ
下肢の学習
① 指と指の間
② 足指
③ 足裏全体
④ 足の内側
⑤ アキレス腱
⑥ ひざの裏
⑦ 脚全体
⑧ 腰の後ろ
⑨ 腰から足
⑩ ひざゆらし

2 寝返りから立位への学習

≪寝返りから立位の姿勢を経験する≫

① 寝返りをしよう

あおむけで腕をあげた状態で、寝返る側に反対側の手をもっていくよ。
寝返る側と反対のひざを、曲げて回ってみよう。

寝返り

Point

手と肩をサポートし、上半身から下半身がついてくるように、ゆっくりと反応を見ながら行う。（第1章 13 背臥位（あおむけ）から腹臥位（うつぶせ）への学習 と同様に、寝返る方の腕はあげなくてもよい。）

② 背中の上を感じよう

うつぶせになったら、背中をゆったりさせて、先生やお母さんのからだに、腕を回してみよう。
知らない間に、からだにくっついていた手がはなれて、腕を伸ばすことができるよ。

背中の上

Point

第1章 14 背中の学習 ③ 参照
肩が外転するように、かかわりての体に手が巻きつくように介助する。
背中の緊張をとるように、わきと腰にふれる（左右ともに行う）。

③ はい上がってみよう

先生やお母さんに、からだをあずけるようにしながら、少しずつはい上がってみよう。

なんだか、だんだん高くなっていくよ。

> **Point**
> 体を預けさせて、上にはい上がらせる。その際、わきの下を支えるようにする。

はい上がり

④ ひざ立ちしてみよう

前を意識して、先生やお母さんにもたれながら、ひざ立ちの姿勢をとってみよう。

ひざ立ちがとれたところで、ゆっくりと前後、左右にゆらすよ。バランスをとろう。

それができたら、今度は先生やお母さんにもたれないで、一人でひざ立ちしてみよう。

前後、左右にバランスをとってね。

そして、ゆっくり座ってみよう。

ひざ立ち（もたれ・バランス）

> **Point**
> 前が意識できるように、できるだけかかわりてに密着させて、ひざ立ちの形をとらせる。ひざ立ちの形がとれたところで、ゆっくりと前後、左右にゆらす。
> 可能なら一人でひざ立ちをさせ、前後、左右にバランスをとらせる。
> そして、ゆっくり座位をとる。その時、足首や股関節に気をつける。

⑤ 座ったままゆれてみよう

　座ったままゆれるよ。倒れないようにね。先生やお母さんの顔を見ててね。

　前後、左右にゆらすよ。

　背中が伸びる感じがするかな。

> **Point**
> 　第1章 20　座位の学習 ② 参照
> 　正座位姿勢で、肘を介助してゆらす。
> 　脊柱を意識できるように、前に傾ける時は、やや上方向に引き上げるようにする。

座位のままゆらし

⑥ 立ってみよう

　じゃあ、立つよ。手伝ってあげるから、立ってみよう。

　ジャンプもできるかな。

> **Point**
> 　かかわりての斜め上方向に引き上げる。
> 　子どもによっては、ジャンプさせて姿勢をまっすぐにする。

引き上げ立位、ジャンプ

まとめ

寝返りから立位への学習
① 寝返り
② 背中の上
③ はい上がり
④ ひざ立ち（もたれ・バランス）
⑤ 座位のままゆらし
⑥ 引き上げ立位、ジャンプ

3 歩行の学習

≪立ち上がり・歩行を学ぶ≫

① 歩いてみよう

　前を意識しながら、歩いてみよう。
　先生は、手を前に出しているだけだよ。
先生の手の上に手を乗せて、自分で歩いてね。

Point
　前を意識するように、かかわりての手の上に子ども自身が手を乗せてくるようにする。

前介助の歩行

② いすから立ってみよう

　いすから立ってみよう。
　先生やお母さんの肩に、手をおいてごらん。
　前にかがむようにして、立つよ。

Point
　子どもの手を、かかわりての肩におく。
　前傾姿勢にさせ、斜め前に引くようにして立たせる。

台上座位からの立位

③ 道具を使って歩いてみよう

Point
　子どもに応じて、教具を選んで行う。

④ 踏み出してみよう

前に先生がいるから、倒れても大丈夫だよ。

先生が受け止めてあげるから、こっちに歩いてきてごらん。

> **Point**
> 前を意識しながら、体が前に倒れて自然に足が出てくるよう、踏み出しの練習をする。

踏み出し

⑤ 一人で歩いてみよう

さあ、一人で歩いてごらん。

> **Point**
> 倒れそうになった時に、手を前に出すなど、けがをしないようにする反応が出ることを確認して、練習をする。

まとめ

歩行の学習
① 前介助の歩行
② 台上座位からの立位
③ 歩行器（自助具）などによる歩行
④ 踏み出し
⑤ 独歩

第3章 操作［展開Ⅱ］

～手を使ってみよう～

(To grasp, release, reach (pinch))

1 手指と前腕部の学習

≪手指から前腕部までの総合的なボディ・イメージを変える≫

① 指の間を感じよう

手の甲側から指と指の間をふれていくよ。

小指と薬指の間。薬指と中指の間。中指と人差し指の間。人差し指と親指の間。

手がふわっとしてきて、開きたくなるよ。

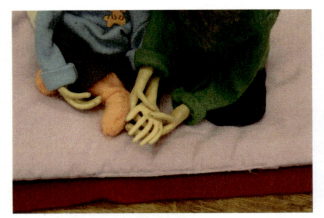

指の間

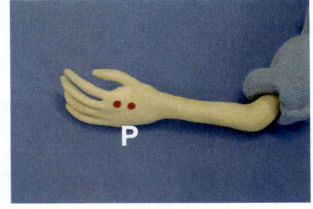

中手骨の間の両端

Point
手の甲から中手骨の間の両端を、両手の親指でそっとふれる。

② 手の指を感じよう

Point
第1章 1 手の学習 ② 参照
指の付け根から全体を包み込むようにふれる。

③ 親指の付け根を感じよう

親指をはっきりさせてみよう。

親指の根っこにふれるから、そこをふわーっとさせてみよう。

親指が開いて、他の4本指から離れていく感じがするよ。

手が開いていく感じもするね。

親指の付け根

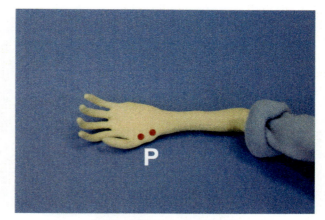
親指の根っこと付け根

> **Point**
> 親指の手首側と親指の付け根を軽くふれる。

④ 手首を感じよう

手首をふわっとしてみよう。
そうすると、手のひらが上を向いてくるよ。
手首と手のひらは、とても深いつながりがあるんだよ。

手首

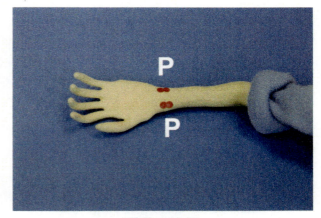
手首の両側

> **Point**
> 手首の両側をそっと、親指あるいは四指でふれる。

⑤ 腕の前を感じよう

もっと手を開いてみよう。

腕の前をふれるから、そこをふわーっとさせてみよう。

すると、手のひらが上を向きやすくなってくるよね。

腕の前

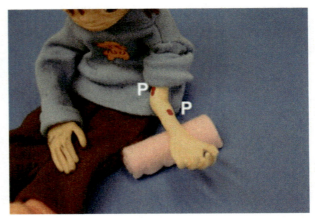
肘の内側と腕の中央

> **Point**
> ひじの内側と前腕部のほぼ中央を軽くふれる。回旋するような誘導はしない。

⑥ 腕と指の根っこを感じよう

手ってどれくらい大きいのかな？　見てみよう。

腕と指の付け根をふれるよ。そこをふわーっとさせてみよう。

手のひらって大きいんだね。

腕と指の付け根

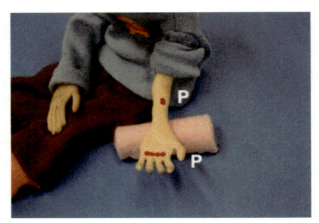
腕の中央と指の付け根

> **Point**
> 前腕部のほぼ中央と指の付け根を、手のひらあるいは指を使ってふれる。

⑦ 腕と指先を感じよう

そのまま指先もふれるよ。そこをふわーっとさせてみよう。
指も伸びて、手全体が見えてくるよ。手って大きいね。

腕と指先

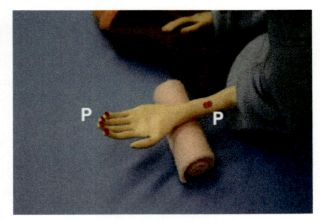
腕の中央と指先

> **Point**
> ⑥同様、前腕部のほぼ中央にふれ、もう一方の手で指の先にふれる。

⑧ 握手をしよう

さあ、握手をしてみよう。
手首をふわーっとすると、握手がしやすくなるよ。
手全体で、先生の手を感じてみよう。
どんな手をしているかな？

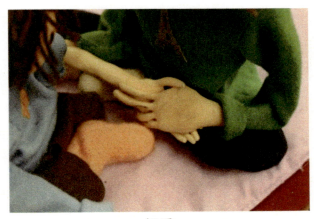
握手

> **Point**
> できるだけ指が伸びた状態で握手をする。
> 手首にかかわりての指がふれるようにする。

まとめ　手指と前腕部の学習

① 指の間（中手骨の間の両端）　② 手指　③ 親指の付け根
④ 手首　⑤ 腕の前　⑥ 腕と指の付け根
⑦ 腕と指先　⑧ 握手

2 上肢の学習

≪上肢の総合的なボディ・イメージを変える≫

手はどこにつながっているのかな？
一緒に確認してみよう。

① 首と手のつながりを感じよう
  手は首からつながっているんだよ。
  首と手だよ。

首と手

> **Point**
> 手首にふれるように握手をして、もう一方の手で首の横側と鎖骨の下部にふれる（第1章 10 左右の学習 と同様）。かかわりての手の大きさによっては難しいことがあるが、首にふれることを大切にする。

② 首の内側・外側を感じよう

> **Point**
> 第1章 8 頸部（くび）の学習 ① 参照
> 首と手をふれた時に首の緊張がとれない場合、再度頸部の学習をしてから首と手の学習を行う。

③ 肩の前と手を感じよう
  今度は肩と手にふれてみるよ。
  手は肩ともつながっているんだよ。

> **Point**
> 片方の手で握手、もう一方の手で肩の前（鎖骨の一番内側と外側）を、親指と四指を使って軽くふれる。

肩の前と手

④ 肩の前を感じよう

> **Point**
> 第1章 11 肩の学習 ① ② 参照
> 肩の前の部分の緊張がとれない場合、再度肩の学習をしてから肩の前と手の学習を行う。

⑤ 上肢のつながりを感じよう
　手は、首～肩～ひじ～手首とつながっているよ。なぞってみるから一緒に確認してみよう。首～肩～ひじ～手首～手。
　握手している手をゆらしてみるよ。
　ゆれが手から手首を伝わり、ひじ～肩～首に伝わっていくのがはっきりわかるでしょ。

上肢のつながり

> **Point**
> 片方の手で握手、もう一方の手で首～肩～肘～手首～手とふれる。

⑥ 手をゆらしてみよう
　手と首と肩がつながっていることを、もっと意識してみよう。
　握手している手をゆらしてみるよ。ゆれが手から肩、首に伝わってくるね。

> **Point**
> 首と手、肩の前と手をふれた後に、上肢のリラックスした状態を確かめた上で、首にふれてゆらす。
> 次に、肩の前にふれてゆらす。

まとめ

上肢の学習
① 首と手
② 首の内側・外側
③ 肩の前と手
④ 肩の前
⑤ 上肢のつながり
⑥ ゆらし

3 握り・放し・リーチの学習

≪上肢操作を学ぶ≫

① にぎってみよう

　さあ、手の準備はできたよ。
　次はものをにぎってみよう。
　指をにぎったときと同じように、にぎってごらん。
　手首を起こすと、にぎりやすかったよね。

握り

> **Point**
> 指の付け根にものを置く。
> 手首が起きるように、手の甲の付け根に軽く力を加えて握る練習をする。

② 放してみよう

　にぎったものを放してみよう。
　起こしていた手首を元に戻すと、放しやすくなるよ。

放し

> **Point**
> 放す時は、手の甲の付け根に加えていた力を抜く。

③ 腕を伸ばしてとどかせよう

　手にふれているボードを、からだからはなしてみよう。

　手のひらと、肩と胸の前を意識してみて。

　ボードと手のひらが、からだからはなれていく。ボードと手が、遠くに行くよ。

　はなれたボードと手が、自分のからだに戻ってくる。ボードと手が、近くに来るよ。

　ひじと肩が、うまく動いたかな。

リーチ（手を伸ばす）

Point

第1章 2　遠近の学習 ② 参照

　フェルトのような刺激の強いもの、できるだけ刺激が多く入るものを使って、対物感覚を手のひらでつかませる。

　それに基づいてリーチの基礎的な練習をする。

リーチ（手を戻す）

④ つまんでみよう

　何かをつまんでみよう。

　小さいものを取りたいときは、つまんで取ることができるよ。

　親指と人差し指を使ってつまんでみよう。

　親指と中指、親指と薬指、親指と小指でもつまむことができるんだよ。

つまみ

Point

はじめは、かかわりての指をつまんでみる。

親指と人差し指、親指と中指、親指と薬指、親指と小指と、ゆっくりとつまむ練習をしてみる。

⑤ いろんなことにチャレンジしてみよう

鉛筆で、何か書いてみようか。
鉛筆を持つときは、親指と人差し指でつまんで、中指をそえよう。
中指は鉛筆がぐらぐらしないように、支える役割をしているんだよ。
鉛筆を持つことができたら、紙に何か書いてみよう。

かばんの中に何が入っているかな？

かばんの中に、何が入っているかな？
取り出して見てみよう。

スプーンを持って、食事をしてみるのもいいよね。
いろんなことができそうだね。

> **Point**
> 鉛筆の持ち方は、親指と人差し指でつまみ、中指を添えて下を支える。最初は、介助でなぐり書きをしてみる。
> かばんの中のものを取り出す、中にしまうなどの動作を行う。取り出した後には、物を見る動作（手のひらを上に向ける回外）を行う。
> 食事動作、タッチポインティング操作、ちぎりなどいろいろなことを工夫して行う。

まとめ

握り・放し・リーチの学習
① 握り
② 放し
③ リーチ（手を伸ばす、戻す）
④ つまみ
⑤ 総合動作

第4章 言語（摂食）[展開Ⅲ]

～声を出してみよう～

(To feeding, speech)

1 前頸部／発声・嚥下の学習

≪前頸部のボディ・イメージを変える／発声・嚥下を学ぶ≫

① のどの前側を感じよう
② のどの横側を感じよう
③ のどの後ろ側を感じよう
④ あご下の前側を感じよう
⑤ あご下の横側を感じよう
⑥ あご下の後ろ側を感じよう

> **Point**
> 第1章 9 前頸部（のど・あご下）の学習 ①～⑥ 参照

⑦ 喉頭を感じよう

のどぼとけの奥を喉頭と言うよ。ここは、食べ物や飲み物を飲みこむときや、声を出すときに大切な場所だよ。ここが緊張すると声を出しにくくなるんだ。反対に、ここがゆるむと声を出しやすくなるよ。

耳の後ろとのどぼとけの横を軽くふれるよ。

喉頭

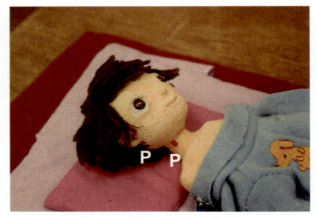

耳の後ろとのどぼとけの横

> **Point**
> 声を出そうと意識すると、かえって声が出なくなってしまうような場合に行う。

⑧ 発声練習をしてみよう

- **母音（ア／オ）の発声**

  発声の練習をしよう。

  楽に出せる母音から始めよう。

  おなかに手をおいて、おなかを意識しながら声を出そう。

  まず、「ア」だよ。

  短く3回言ってみよう。

  続けてまねをして言ってね。「ア・ア・ア。」

  次は、少し長く「アー」と言ってみよう。「アー・アー・アー。」

  最後は、長く「アーーーー」と言ってみよう。「アーーーー。」

  おなかを使って、できるだけ長く言ってみよう。

  おなかが使いにくくて「ア」が言いにくいときは、「オ」で練習してみてね。

  次は、「オ」を3回言ってみよう。

- **声門音（ハ行音）の発声→「はい」など**

  「はい」は、日常でよく使われる返事だよね。

  「ハ」の音は、舌をあまり気にしなくても出せるんだよ。

  おなかを意識しながら、声を出してみよう。

- **嚥下について**

  のどやあご下の学習をすると、唾液を上手に飲み込めるんだよ。

  のどにふれながら飲み込んでみると分かるよ。

  水を飲む練習もしてみよう。

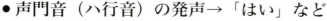

発声／嚥下

> **Point**
> 発声ではおなかを意識させ、おなかから声を出させる。
> 舌骨上筋、舌骨下筋が活性化すると、舌骨が上がりやすくなるので嚥下しやすい。
> サ行音は舌全体があがる必要があるので、舌骨下筋が緩む①②③の学習項目が重要になる。

まとめ　前頸部／発声・嚥下の学習
① のどの前側　　② のどの横側　　③ のどの後ろ側　　④ あご下の前側
⑤ あご下の横側　⑥ あご下の後ろ側　⑦ 喉頭　　　　　⑧ 発声／嚥下

2 顔面部／両唇音・取り込みの学習

≪顔面部のボディ・イメージを変える／両唇音・取り込みを学ぶ≫

① 口の上を感じよう
② 口の下を感じよう
③ 下くちびるの下を感じよう
④ ほほの斜め上を感じよう
⑤ ほほの横を感じよう
⑥ ほほの斜め下を感じよう

> **Point**
> 第1章 19 口周辺の学習 ①～⑥ 参照

⑦ 口を閉じたまま、あごをもぐもぐしてみよう

　くちびるとあごの動きを学習してみよう。くちびるを閉じて、あごをもぐもぐする動作だよ。
　下くちびるの下をふれるね。
　これは、鼻で呼吸する練習にもなるんだよ。
　この動きができると、食べ物をうまく取り込めるようになるよ。

口唇と下顎の分離

下唇とあごの間

> **Point**
> 下唇にはふれずに下唇とオトガイ部の間にふれ、口を閉じる方向にやや引き上げる。
> 上下の歯の間は開いたまま唇だけ閉じることで、口唇を使って食べ物をスプーンから取り込む練習になる。

⑧「パ」や「マ」と言ってみよう

●パ行音→「パパ」など

　くちびるを閉じるようにして、声を出してみよう。

　強く息を出して、「パ」と言ってみてね。

　それができたら、「パパ」と言ってみよう。

●マ行音→「ママ」など

　「ママ」と言ってみよう。

　息が少し鼻に抜けるね。

　これもくちびるを閉じるところから始めてみてね。

　くちびるを閉じたまま、口をもぐもぐ動かして、練習してごらん。

両唇音の学習

> **Point**
> 生活の中で使う言葉を、絵カードやクイズなどを通して楽しみながら言えるようにする。
> この両唇音の学習は、取り込みの学習にもつながっていく。

まとめ

顔面部／両唇音・取り込みの学習
① 口の上
② 口の下
③ 下唇の下
④ ほほの斜め上
⑤ ほほの真横
⑥ ほほの斜め下
⑦ 口唇と下顎の分離
⑧ 両唇音（［p］［b］［m］［w］など）

3 舌／発語・押しつぶしの学習

≪舌の総合的なボディ・イメージを変える／発語・押しつぶしを学ぶ≫

　口の中には舌があるよ。舌は食べ物を押しつぶし、のどの方まで運ぶ動きをするんだよ。

① 舌の前側を感じよう

　舌の前側に力が入りすぎると、口を開けたときに舌が前に出てきちゃうよ。
　舌の後ろの方で出す音（カ行音）が難しいときにも学習するといいよ。

舌の前側

下顎先端の裏側と、下顎先端と舌骨の間

Point
舌の前側が意識できるように、ごく軽くふれる。
舌がかたくかたまりのようになっている時は、時間をかけてふれ、緩んでくるのを待つ。

② 舌の横側を感じよう

　舌の横側が緊張してしまうと、舌が上にあがりにくく、食べ物を押しつぶすことが難しくなるよ。
　「ヤ・ユ・ヨ」が言いにくいときにも、取り組んでみよう。

舌の横側

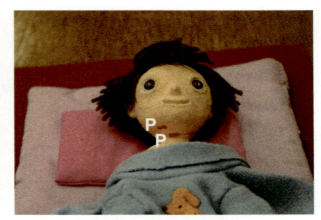
舌骨と下顎の横の裏側

> **Point**
> 舌の横側が意識できるように、ごく軽くふれる。
> 舌がかたくかたまりのようになっている時は、時間をかけてふれ、緩んでくるのを待つ。

③ 舌の後ろ側を感じよう

　舌の後ろ側が緊張してしまうと、舌が後ろに引かれてしまって動かしにくくなるよ。
　舌先を使って出す音「タ・ト・テ」を学習するときにも取り組むといいよ。

舌の後ろ側

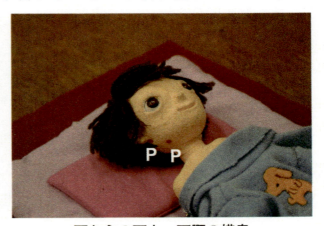
耳たぶの下と、下顎の横奥

> **Point**
> 舌の後ろ側が意識できるように、ごく軽くふれる。
> 舌がかたくかたまりのようになっている時は、時間をかけてふれ、緩んでくるのを待つ。

④「タ」や「カ」など、いろんな音を言ってみよう

● タ行音

音を出したことのない場合は、舌打ちから始めてみよう。

次に、「タ・ト・テ」とゆっくり言ってみよう。

それができたら、「タ・ト・テ。タ・ト・テ」と連続して言ってみよう。

いろいろな舌音

● ヤ行音

舌を上にあげて声を出すんだ。

「ヤ・ヨ・ユ」と続けて言ってみよう。

舌全体が上にあがる感じがするでしょ。

● カ行音

舌を後ろにもっていって出す音だよ。

これが苦手だと、飲み込むことも苦手な場合が多いんだよ。

この練習は、飲み込むことの練習にもなるんだ。

「カ・コ・ケ・ク・キ」と言ってみよう。

舌が後ろにいくように、意識して言ってみてね。

● その他の舌音

サ行音を言ってみよう。

舌の先が宙に浮くんだよ。

「サ・ソ・セ・ス」と言ってみてね。

舌を後ろに引かないように意識しよう。

> **Point**
>
> 単語の発音練習をする時は、まずはことばの最初の音、次にことばの最後の音、そして真ん中の音という順に意識させて行うと取り組みやすい。
>
> 特にサ行音は、舌骨下部の緊張が強いと舌骨が引き下げられてしまうため、舌があがらずに出しにくい。第1章 9　前頸部（のど・あご下）の学習①〜③を十分に行った上で取り組む。

> **まとめ　舌／発語・押しつぶしの学習**
>
> ① 舌の前側　② 舌の横側　③ 舌の後ろ側
>
> ④ 舌尖音・舌背音・舌根音・その他の舌音

4　顎／構音・咀嚼の学習

《顎のボディ・イメージを変える／構音・咀嚼を学ぶ》

　食べ物をかむときには、あごをいろんな方向に大きく動かすよ。

① あごの上下を感じよう

　あごの上下が緊張しすぎると、食事のときにスプーンをかんで抜けなくなってしまうよ。

　ここがリラックスできると、口をスムーズに開けたり閉じたりすることができるようになるよ。

あごの上下

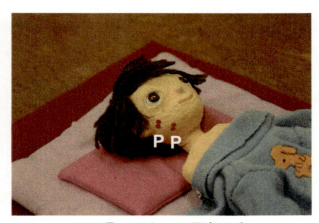
ほほ骨の下と、下顎角の上

② あごの斜めを感じよう

　あごの斜めに力が強く入ると、歯をかみしめてしまい口を開けにくくなるよ。
　あごの上下とあごの斜めをリラックスさせて、口を動かしやすくしよう。

あごの斜め

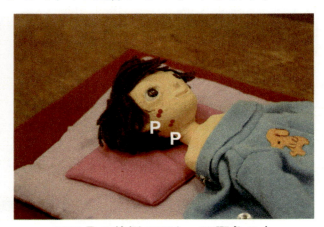
ほほ骨の前側の下と、下顎角の上

③ あごの前後を感じよう

あごを前後に動かしたり、左右に動かしたりすることで、食べ物を細かくすりつぶすことができるよ。

あごの前後がゆったりすると、あごがスムーズに動かせるようになるよ。

あごの前後

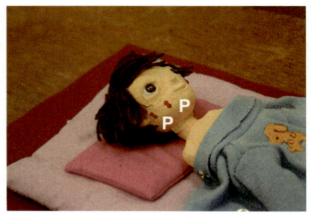

耳の前とほほ

> **Point**
> ①〜③は、指3本分くらいの広い範囲をふれる。
> 食事中にスプーンを噛み込んだ時は、①②をふれると口を開けられることが多い。

④ あごの下を感じよう

あごの下が緊張しすぎると、口が開いたまま閉じにくくなったり、呼吸がしにくくなったりすることがあるよ。

あごの下全体をゆったりさせよう。

あごの下

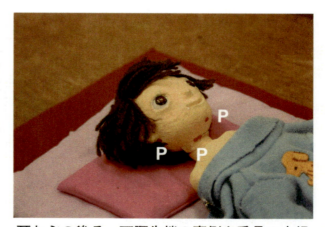

耳たぶの後ろ、下顎先端の裏側と舌骨の上縁

> **Point**
> 舌骨上部の緊張が強い場合は、第1章 9 前頸部（のど・あご下）の学習④〜⑥と一緒に行うとよい。

⑤ あごの上を感じよう
　ぐっと歯をかみしめていると、あごからほほをこえて頭の方にまで力が入ってしまうよ。
　あごの上をゆったりさせて、気持ちもリラックスさせよう。

あごの上の学習

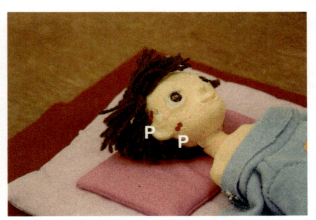

耳の上とほほ骨の下

> **Point**
> 強く噛みしめている時など、あごの上の緊張が強い場合に有効。あごの上が緊張すると情緒的に不安定になりやすいので、その場合、ここにふれて気持ちを落ち着かせるようにする。

⑥ 単語を言ってみよう
　口が動かしやすくなったら、単語の学習に取り組もう。
　クイズを出すよ。
　ばちを持って、たたいて音を出す楽器は何でしょう。
　答えは「たいこ」です。最初の「た」が発音できたかな？
　お湯をわかす道具は何ですか。
　「やかん」です。最初の「や」が上手に言えたかな？
　自分を映す道具は何でしょう。
　「かがみ」です。最初の音「か」は言えたかな？
　上手にかむことも、できるようになったかな？

単語を言う学習

> **Point**
> 絵カードやクイズなど、子どもが興味をもって取り組める課題を設定する。
> 単語や文の中で、それぞれの発音がしっかりできているかを確認する。

⑦ 文を言ってみよう
質問するので、文で答えてね。
昨日何をしましたか？
「昨日は、お母さんと散歩に行きました。」
本を読んでみよう。どんなお話が好きかな？

文を言う学習

> **Point**
> 本を読ませたり、質問に文で答えさせたりする。
> 単語や文の中で、それぞれの発音がしっかりできているかを確認する。

まとめ
顎／構音・咀嚼の学習
① あごの上下
② あごの斜め
③ あごの前後
④ あごの下
⑤ あごの上
⑥ 単語／咀嚼
⑦ 文

第Ⅲ部
実際編

第5章 日常生活(にちじょうせいかつ)

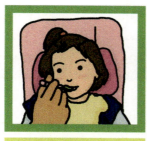

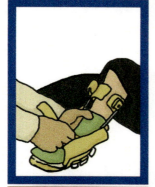

1 姿勢に関する ワンポイントプログラム

1）全身が反り返ってしまうとき

うれしいときやがんばろうと思うと、ぴーんとからだが反り返ってしまうのは、からだの前側より後ろ側に力を入れやすいからだよ。反り返ってしまったら、前側を意識してみよう。

① おなかを感じよう

おなかの真ん中をふれるので、感じてみよう。

> **Point**
> 第1章 20 座位の学習 ③ 参照

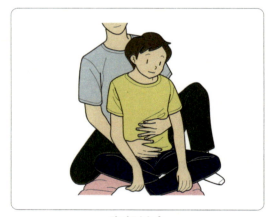

腹部総合

② のどを感じよう

のどまわり全体を感じてみよう。
ゆったりとリラックスすることができたかな。

> **Point**
> 舌骨と胸骨・鎖骨・肩甲骨上縁を一緒にふれる。
> 第1章 9 前頸部（のど・あご下）の学習 ①～③ 参照

のど総合

2）あおむけで丸まってしまうとき
　（体が左右に曲がってしまうとき、上肢を引きつけてしまうとき）

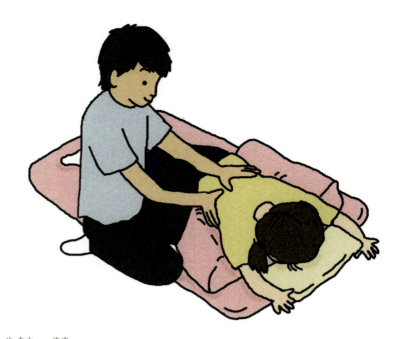

あおむけ姿勢で、リラックスして寝られるかな。

あおむけになるとぎゅうっと丸まりたくなる場合は、うつぶせ姿勢をとってみよう。

うつぶせでおなかを感じながら、背中を休めよう。

① 背中の真ん中を感じよう
背中の真ん中をふれるので、感じてみよう。

> **Point**
> 第1章 14　背中の学習 ② 参照

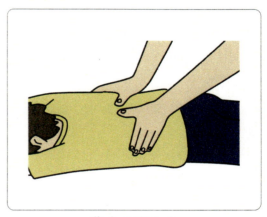

背中の真ん中

② 背中の上を感じよう
背中の上をふれるので、感じてみよう。

> **Point**
> 第1章 14　背中の学習 ③ 参照

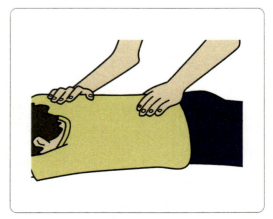

背中の上

③ わきから手を上に伸ばしてみよう
　わきの下をふれるよ。
　手は、ここからつながっているんだよ。
　さあ、手を上に伸ばしてみよう。

> **Point**
> 　背中の上側（わきの下）と手首をふれ、上方向に少し引く。

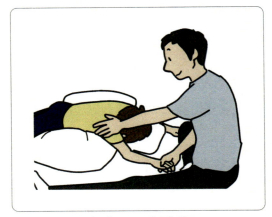

わきの下と手首

④ 腰から手を上に伸ばしてみよう
　もっと高くあげてみよう。
　手は腰からつながっているよ。
　手を伸ばすと、背中も伸びるね。

> **Point**
> 　背中の下側（腰の後ろ）と手首をふれ、上方向に少し引く。

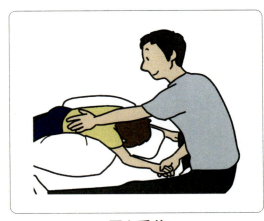

腰と手首

⑤ 腰から足を下に伸ばしてみよう
　足も伸ばすよ。
　足も腰からつながっているよ。
　全身がしっかり伸びると、気持ちいいね。

> **Point**
> 　背中の下側（腰の後ろ）とかかとの後ろをふれ、下方向に少し引く。

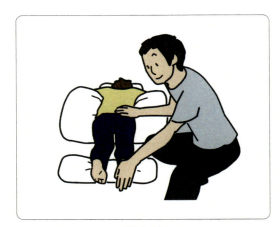

腰と足

3）座位で顔があがらないとき

座っていろいろなものを見たりさわったりできると楽しいよね。

顔をあげようと思ってもなかなか顔をあげられないときは、おなかを意識してみよう。

① おなかを感じよう

座った姿勢で、後ろからおなかをふれるよ。

おなかを感じてみよう。

> **Point**
> 第1章 20　座位の学習 ③ 参照

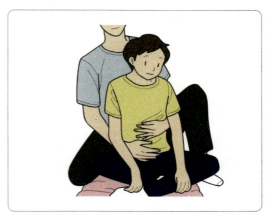

おなか

② 後ろにもたれてみよう

おなかをゆったりさせながら、少しもたれかかってみよう。

> **Point**
> 第1章 20　座位の学習 ④ 参照

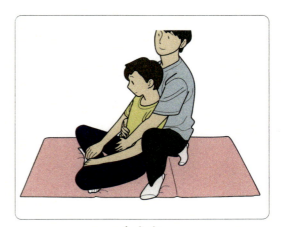

もたれ

③ 肩の前を感じよう

　肩の前を広げるように、腕を楽にしてみよう。

> **Point**
> 第1章 20　座位の学習 ⑤ 参照

肩の前を広く

④ 手を高くあげてみよう

　手をあげてみよう。
　ゆっくり腕を伸ばすと、背中が伸びるよ。
背中が伸びたら、高くあげた手を、横から後ろにゆっくり下ろしてみよう。

> **Point**
> 第1章 20　座位の学習 ⑥ 参照

手を高く

⑤ 骨盤を起こしてみよう

　腰を少し、上方向に持ち上げてみよう。
　骨盤が起きて、しゃきっとするよ。
　そのまま、左右にぐらぐらゆれてみよう。
　倒れないかな。
　これでいい姿勢になったよ。

> **Point**
> 第1章 20　座位の学習 ⑦ 参照

骨盤の起こし

2 移動に関する ワンポイントプログラム

1）足指や足首がかたいとき
（装具をはくとき）

どこに行くのが好きかな。お出かけすると、楽しいことがいろいろあるよね。

さあ、くつをはいて出かけよう。

足の指や足首がかたいと、くつがはきにくいよ。

まず、足をゆったりさせよう。

① 足首を感じよう

足首をじっくり感じると、力が抜けてくるよ。

> **Point**
> 足首の前側と、下腿の外側をふれる。

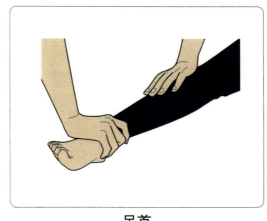

足首

② 足のうらを感じよう

指が緩むと、足のうら全体をしっかり感じられるようになるね。

> **Point**
> 第2章 1 下肢の学習 ③ 参照

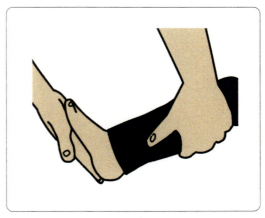

足裏

③ 足首を動かしてみよう
　足のうらをしっかりと床につけたまま、ひざを左右にぐらぐらゆらすよ。
　足首が動いているのが分かるかな。

> **Point**
> 足首を前側から包みこみ、足裏がしっかり床についた状態で行う。

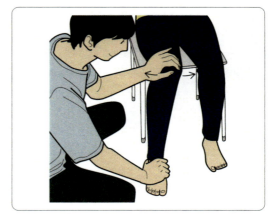
足ゆらし

④ 腰から足を感じよう
　いい足になったね。
　足は、腰からつながっているんだよ。

> **Point**
> 第2章　1　下肢の学習　⑨　参照

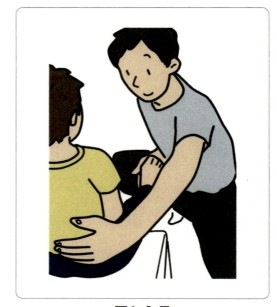
腰から足

2）足のうらを床にしっかりとつけて いられないとき

足をしっかり地面につけると、からだ全体が安定するよ。
いすに座るときにもぐらぐらしないし、歩くときにもふんばれるよ。

① 足の指全体と足首を感じよう
つま先、足の指全体を感じてみよう。
指に力が入っていると、感じられないよ。

Point
第1章 3　足の学習 ⑤ 参照

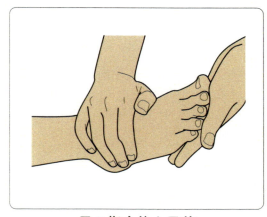

足の指全体と足首

② 指と指の間を感じよう
指と指の間をなぞるよ。
小指と薬指の間。薬指と中指の間。中指と人差し指の間。人差し指と親指の間。
指と指の間が、はっきりしてきたかな。

Point
第1章 3　足の学習 ⑥ 参照

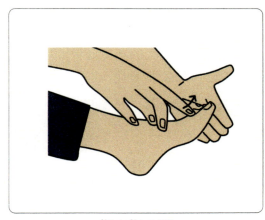

指と指の間

③ 足の指１本ずつを感じよう

指を感じよう。

１本ずつ確かめるよ。

小指。薬指。中指。人差し指。親指。

指１本１本

Point
第1章 3 足の学習 ⑦ 参照

④ 足全体を感じよう

かかとや土ふまずなど、足全体をこすったりポンポンたたいたりしてみるよ。

どんな感じがするかな。

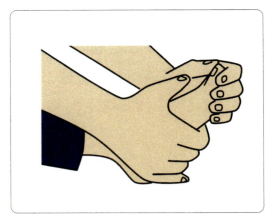

足全体

Point
第1章 3 足の学習 ⑨ 参照

⑤ いろいろな刺激を感じよう

足を動かして、いろいろな刺激を感じよう。

足の下にものを置いて、足のうらでころころ転がしてみよう。

フェルトボードに足のうらをくっつけて、足をからだから離したり、近づけたりしてみよう。

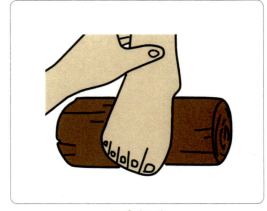

足裏経験

Point
フェルトなど刺激の強いものや、木などの変化に富んだ物などが、足裏にふれるような経験をさせる。

3 操作に関するワンポイントプログラム

1) 手をふれられるのが嫌なとき

大好きな人がそばにいたり、近くにおもしろそうなものがあったりしたら、手を伸ばしてさわりたくなるよね。

手をふれられるのは苦手という人もいるけれど、手からの感覚はとても大切だよ。

先生や友だちと、握手できるといいよね。

① 手をどこかにおいてみよう

手をふれられるのが嫌な場合は、手のひらがつくようにして、どこかにおいてみよう。

> **Point**
> 手のひらを、かかわりての手などにおく

手置き

② 上肢のつながりを感じよう

首、肩、ひじ、手首、手。
首から手はつながっているよ。

> **Point**
> 第3章 2 上肢の学習 ⑤ 参照

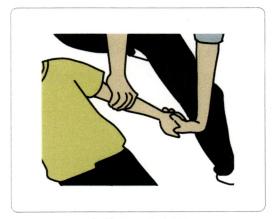

上肢のつながり

③ 首と手を感じよう
　首にふれるよ。
　首から手は、つながっているんだよ。

> **Point**
> 第3章 2　上肢の学習 ① 参照

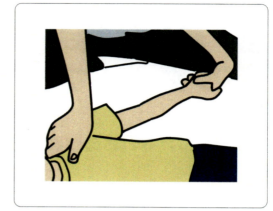
首と手

④ 肩の前と手を感じよう
　肩の前をふれるね。
　ここから手まで、ゆったりするよ。

> **Point**
> 第3章 2　上肢の学習 ③ 参照

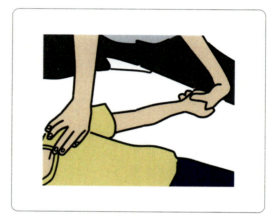
肩の前と手

⑤ ゆれを感じよう
　少しゆらすよ。ぶらぶらぶらー。
　手が楽になると、腕も大きく動かせるよ。

> **Point**
> 第3章 2　上肢の学習 ⑥ 参照

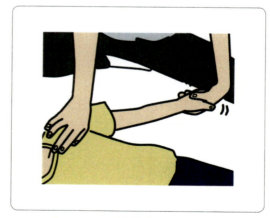
ゆらし

2）指しゃぶりなどをしないと落ち着けないとき

退屈なときや気持ちが落ち着かないときに、つい指しゃぶりをしてしまうくせがある人もいるよね。

指や手の感覚が、もっとはっきりすると、やめられるようになるよ。

① 指の間と指を感じよう

手の感覚を確かめよう。指の間から指先までを、ごしごしとなぞるよ。

小指と薬指の間から小指まで。薬指と中指の間から薬指まで。中指と人差し指の間から中指まで。人差し指と親指の間から人差し指まで。人差し指と親指の間から親指まで。

Point
指と指の間をふれつつ、小指、薬指、中指、人差し指、親指をなぞっていく。

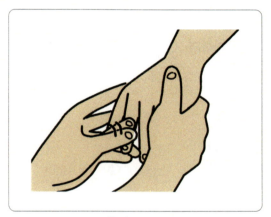

指なぞり

② 手全体を感じよう

手のひらをこすったり、ポンポンとたたいたりするよ。どんな感じがするかな。

Point
第1章 1 手の学習 ⑨ 参照

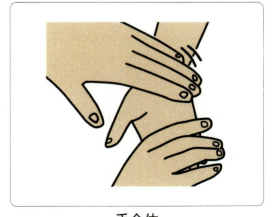

手全体

③ 上肢のつながりを感じよう
　握手をするよ。
　首もふれるね。
　首から手までは、つながっているんだよ。

> **Point**
> 第3章 2　上肢の学習 ⑤ 参照

上肢のつながり（座位）

④ ゆれを感じよう
　手を、ぶらぶらぶらーとゆらしてみよう。

> **Point**
> 第3章 2　上肢の学習 ⑥ 参照

ゆらし（座位）

4 言語（摂食）に関する ワンポイントプログラム

1）スプーンをかんでしまったり、食べものが口から出てしまうとき （下顎がひかれて呼吸が苦しいとき）

口を大きく開けすぎてしまったり、スプーンをかんでしまったり、口に入れた食べ物が飲み込めずに、口から出てしまったり。

うまく食べられないときは、のどのまわりや口のまわりの学習をしよう。あごや口がスムーズに動くと、上手に食事ができるよ。

① のどを感じよう

のどにふれるよ。舌骨から下の部分だよ。じっくり感じてね。

> **Point**
> 舌骨と胸骨・鎖骨・肩甲骨上縁を一緒にふれる。
> 第1章 9 前頸部（のど・あご下）の学習 ①〜③ 参照

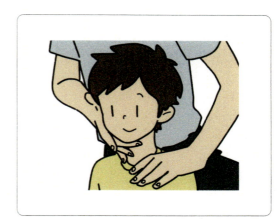

のど総合

② あご下を感じよう

あご下は舌骨から上だよ。

先生やお母さんの手にあごを乗せるようにして、前を意識してみよう。

ゆるんできたかな。

> **Point**
> 舌骨と下顎の下縁全体をふれる。
> 第1章 9 前頸部（のど・あご下）の学習 ④〜⑥ 参照

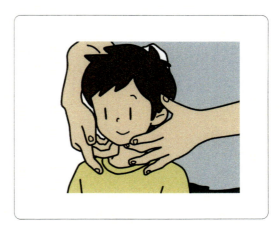

あご下総合

③ 口のまわりを感じよう

口のまわりをふれるよ。口を閉じて食べられるようにしようね。

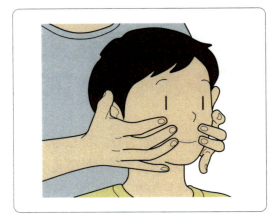
口まわり総合

> **Point**
> 2本の指で口の上をふれ、他の指と手のひらでほほを包み込むようにする。
> 第1章 19 口周辺の学習 参照

④ あごを感じよう

あごを意識してごらん。
かみしめが減って、リラックスできるよ。

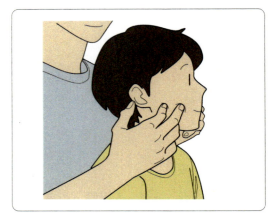
あご総合

> **Point**
> ほほ骨の前側の下部、後ろ側の下部、下顎角の3点を同時にふれる。

5 図工・美術的活動における ワンポイントプログラム

手で素材をふれたり道具を持つとき

　素材をさわったときに、手がかたくて、にぎりこんでいる状態だと、しっかり感じとれないよ。
　道具だって、手がやわらかくて、自分で調節しながら持てる方がいいよね。
　やわらかくて、動かしやすい手にしよう。

① 手首を感じよう
　手首をじっくり感じると、力が抜けてくるよ。

> **Point**
> 手首の甲側と、前腕の外側をふれる。

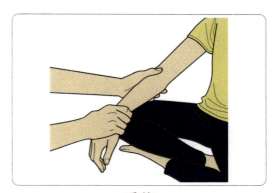

手首

② 手を感じよう
　手をしっかり感じると、手が開いてくるよ。

> **Point**
> 手のひらと前腕の内側にふれる。

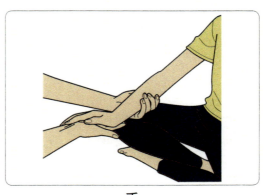

手

③ 首と手を感じよう

握手をしよう。首にもふれるよ。
首と手は、つながっているよ。

Point
第3章 2　上肢の学習 ① 参照

首と手（台上座位）

④ ゆれを感じよう

ゆらすよ。ぶらぶらぶらー。
肩がゆるんで、腕を動かしやすくなったかな。

Point
第3章 2　上肢の学習 ⑥ 参照

ゆらし（台上座位）

⑤ 手でにぎってみよう

先生やお母さんの指を、にぎってごらん。
手首を起こすようにして、にぎろうね。
道具や材料を持つときも、こうやってにぎろうね。

Point
第3章 3　握り・放し・リーチの学習 ① 参照

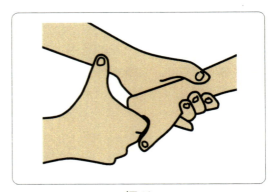
握り

⑥ にぎった手をはなしてみよう

にぎった手を、ゆるめてみよう。ぱっ。
うまくはなせたかな。

Point
第3章 3　握り・放し・リーチの学習 ② 参照

放し

6 音楽的活動における ワンポイントプログラム

よい姿勢で声を出したり、楽器の演奏をするとき

歌を歌ったり、楽器で音を出したり、音楽って楽しいよね。

でも、顔が下を向いていたり、上を向きすぎていたらうまく声は出せないよ。

腕を肩から楽に動かすことができると、鈴やたいこも上手に鳴らせるよ。

① 手首を感じよう

手首をじっくり感じると、力が抜けてくるよ。

> **Point**
> 手首の前側と、前腕の外側をふれる。

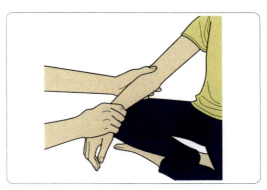

手首

② 手を感じよう

手をしっかり感じると、手が開いてくるよ。

> **Point**
> 手のひらと前腕の内側をふれる。

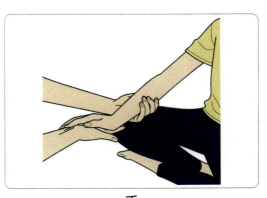

手

③ 肩の前と手を感じよう

　肩の前をふれるよ。顔を起こしてごらん。
　肩の前と手はつながっているよ。

第3章 2　上肢の学習 ③ 参照

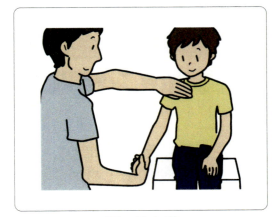
肩の前と手

④ ゆれを感じよう

　手をゆらすよ。ぶらぶらぶらー。
　顔が正面を向いて、いい姿勢のまま手が楽に動くようになったかな。

第3章 2　上肢の学習 ⑥ 参照

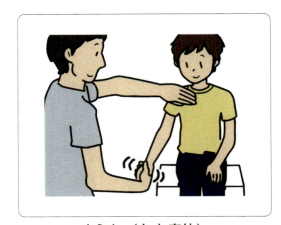
ゆらし（台上座位）

⑤ 肩を開いてみよう

　腕を少し外側に開いてみると、方の前が広がるよ。
　空気をたくさん吸えて、大きな声が出せそうだね。
　腕を大きく動かして、楽器を鳴らそう。

肩の前をふれながら、肩関節を外旋する。

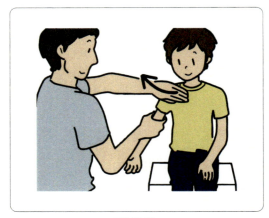
肩外旋

＜あたらしい わたしたちのうんどう 編集委員会2015＞
編集　　　　　　西郷 建彦　　石川 淳子
表紙・イラスト　　三浦 芳美

※本書の印税は、東日本大震災で被災した地域の子どもたちや学校を支援するため、支援団体を通じて全額寄付されます。

本文実技イラスト　　上原　まり

特別支援学校　自立活動
あたらしい わたしたちのうんどう

2015年 1月31日　　初版第1刷発行
2019年 8月17日　　初版第4刷発行
2023年 1月21日　　オンデマンド版第1刷発行

編　著　NMBP研究会
発行者　加藤 勝博
発行所　株式会社 ジアース教育新社
　　　　〒101-0054　東京都千代田区神田錦町1-23 宗保第2ビル
　　　　TEL 03-5282-7183　　FAX 03-5282-7892

○定価はカバーに表示してあります。
○乱丁・落丁はお取り替えいたします。

本書の無断転載を禁じます。　　　　　　　　　　　　Printed in Japan
ISBN978-4-86371-296-6